libre

140 recettes sans allergènes

Shirley Plant

MODUS VIVENDI

© 2007 Shirley Plant pour l'édition originale
© 2009 Les Publications Modus Vivendi pour l'édition française et les photographies

L'édition originale de cet ouvrage est parue chez General Store Publishing House sous le titre *Finally... Food I can Eat!*

LES PUBLICATIONS MODUS VIVENDI INC.
55, rue Jean-Talon Ouest, 2e étage
Montréal (Québec) H2R 2W8
Canada

www.modusaventure.com

Directeur éditorial et artistique : Marc Alain
Designer graphique : Émilie Houle
Photographe : André Noël
Styliste culinaire : Simon Roberge
Traductrice : Marie-Jo Levadoux
Réviseure : Andrée Laprise

Dépôt légal - Bibliothèque et Archives nationales du Québec, 2009
Dépôt légal - Bibliothèque et Archives Canada, 2009

ISBN 978-2-89523-614-6

Nous reconnaissons l'aide financière du gouvernement du Canada par l'entremise du Programme d'aide au développement de l'industrie de l'édition (PADIÉ) pour nos activités d'édition.

Gouvernement du Québec — Programme de crédit d'impôt pour l'édition de livres — Gestion SODEC

Imprimé au Canada

Je dédis ce livre à ma mère, Mary Plant, que j'adore et qui me manque beaucoup. Merci maman de m'avoir appris à cuisiner. À ma famille, qui est toujours là pour moi, et à tous ceux qui souffrent d'allergies, d'intolérances et de sensibilités alimentaires.

Table des matières

Introduction ... 7

À propos de ce livre ... 9

À propos des allergies et des intolérances ... 13

Un guide rapide sur
des produits chimiques naturels ... 18

Additifs alimentaires ... 21

Substituts aux aliments courants ... 25

Combinaisons alimentaires de base ... 36

Conseils utiles du chef ... 38

Recettes

Petits-déjeuners et jus ... 41

Soupes et potages ... 67

Salades et vinaigrettes ... 93

Plats principaux ... 133

Collations et tartinades ... 179

Desserts ... 203

Familles d'aliments ... 244

Index d'évitement des allergènes ... 253

Conversion métrique ... 255

Introduction

Certaines personnes aiment cuisiner; d'autres préfèrent aller au restaurant.

Les personnes qui souffrent d'allergies et d'intolérances alimentaires ont parfois du mal à préparer un repas des plus simples, sans parler du choix d'un restaurant. Nous sommes ces personnes allergiques aux produits laitiers, au blé, à la levure, aux œufs, au maïs, au soja, etc. Le diagnostic de l'allergie alimentaire laisse parfois perplexe quant à ce que l'on peut manger et comment le préparer. Si c'est votre cas ou si vous connaissez quelqu'un qui est aux prises avec un régime en raison de ses limitations, ce livre est pour vous! J'ai souvent entendu les gens se plaindre de ne plus pouvoir rien manger ou de ne pas savoir faire cuire le millet ou le quinoa, mais je ne les ai jamais entendu dire : « Enfin un plat que je peux manger! » Ce livre est pour toutes les personnes qui ont des allergies alimentaires, maladie cœliaque, qui suivent un régime faible en sucre et en cholestérol et qui font attention à ce qu'elles ingèrent. Que *Libre* soit votre guide vers une vie plus simple et plus goûteuse, et vous apporte un regain de plaisir à cuisiner! Conçues pour vous faire gagner du temps, ces recettes variées plairont à tous, petits et grands, et l'introduction de nouveaux aliments dans les repas ne pourra qu'améliorer la santé générale et le bien-être de chacun. Je crois profondément que tout le monde peut cuisiner de délicieux petits plats. Certes, les gâteaux ne gonfleront peut-être pas autant que s'ils contenaient des œufs et de la farine blanche, mais tant que le mets est goûteux, le plaisir est intact. Cuisiner est bien plus facile que l'on ne croit. Ces recettes sont simples et plaisantes; seule la présentation n'est pas flamboyante. Certaines sont insolites et utilisent des ingrédients comme le chanvre ou le tef; d'autres sont comme des amies de longue date et apportent du réconfort, comme le ragoût de bœuf et le hachis Parmentier. L'une indiquera une botte de persil alors que la suivante exigera des mesures exactes. Je vous conseille vivement d'être brave et d'utiliser les herbes et les épices que vous aimez. Tout est possible... c'est ce qui est merveilleux avec la cuisine.

À propos de ce livre

L'idée de ce livre m'est venue quand j'habitais à Sydney, en Australie. Et que je vive à Ottawa ou à Sydney, j'avais toujours de la difficulté à trouver un livre de cuisine avec des recettes utilisant les aliments que je pouvais manger. Souffrant d'intolérances et d'allergies alimentaires, chaque fois que je voulais cuisiner, je devais substituer au moins trois ou quatre ingrédients à la recette. Comme vous pouvez le deviner, cela prenait du temps, et les plats n'étaient pas vraiment réussis. Étant également aux prises avec le syndrome de fatigue chronique, je manquais d'énergie pour recommencer chaque recette jusqu'à ce qu'elle soit réussie. Ce n'est pas amusant de ne pas pouvoir manger son propre gâteau d'anniversaire parce qu'on est allergique à tous les ingrédients ou de ne pas pouvoir déguster les délicieux hors d'œuvre de Noël. Au bout de quelques années à manger les mêmes galettes de riz et muffins, j'ai décidé de créer mes propres recettes en substituant les aliments que je pouvais manger à ceux interdits dans mes recettes préférées. J'ai utilisé de la farine d'épeautre au lieu de blé; des graines de lin au lieu des œufs; du lait de riz au lieu du lait de vache; des pâtes au kamut ou au quinoa et des fruits ou du stevia comme agent sucrant. En un tour de main, voilà que je me retrouvais avec des recettes faciles à faire, qui avaient bon goût et qui reléguaient au loin mes allergies.

Au fil des années, des amies, qui souffraient d'allergies alimentaires ou d'autres qui voulaient simplement bien manger ou introduire de nouveaux aliments dans leur régime, ont commencé à me demander mes recettes. Celles dont les enfants avaient des allergies voulaient savoir quel genre de biscuits je mangeais et ce qu'elles pourraient utiliser à la place du blé, du lait et des œufs. Eh bien, je suis heureuse de dire que ce livre répond à toutes ces questions.

N'oubliez pas que cela peut prendre du temps pour s'ajuster à certains de ces nouveaux aliments. Il m'en a fallu; mais maintenant, j'adore le tef, le millet, la caroube, le chanvre et le lait de riz. Et non seulement je mange des aliments différents mais je les varie, ce qui est beaucoup plus sain que d'avaler le même pain traité et la même grignotine sucrée jour après jour. Comme chaque personne a des intolérances et des restrictions différentes, une section explique la façon de substituer des aliments qui vous sont spécifiques (voir page 25). Cela vous permettra d'apporter de la variété à votre régime. Vous trouverez également une liste des éléments chimiques naturels propres à chaque ingrédient et quelques conseils pour vous aider à vous adapter. Chaque corps répond à sa façon aux différents aliments. Nous vivons tous dans des zones géographiques et des climats différents; le régime d'une personne n'est pas nécessairement approprié à une autre. Certains aliments ne sont pas disponibles dans certaines régions du monde. À la question « Quel est le bon régime pour moi ? », je répondrais : « Celui qui est pratique, facile à suivre, qui élimine les aliments indigestes et qui permet de vous sentir mieux. » Prendre le temps de préparer des repas sains vous garantit un corps et un esprit sains. Heureusement, il existe maintenant d'excellents magasins d'alimentation naturelle et des supermarchés qui offrent une grande variété d'aliments biologiques. On trouve des pains sans blé/sans levure, du tofu, du lait de riz, des pâtes d'épeautre et d'autres céréales saines, savoureuses et faciles à préparer. Que diriez-vous de préparer des repas sains et délicieux pour votre famille et vous-même, sachant qu'ils sont sans colorants, additifs chimiques, préservatifs et sucres raffinés, et qu'il ne faut pas toute la journée pour les mitonner ? Je pense qu'on souhaite tous cela, mais avec nos journées chargées, temps et énergie nous font souvent défaut. De nombreuses recettes sont longues à faire et, quand il faut substituer tous les ingrédients pour cause d'allergies, la tentation est forte de s'en remettre aux plats déjà préparés prêts à emporter ou de carrément sauter un repas. Malheureusement, les repas préemballés contiennent des préservatifs, des additifs et d'autres ingrédients qui continueront à vous faire du tort.

À l'heure actuelle, les problèmes de santé de beaucoup de gens sont dus à une mauvaise nutrition. Je suis sûre que la plupart d'entre vous pensent avoir une alimentation saine et équilibrée, mais ce n'est probablement pas le cas. Les problèmes comme l'hypertension, la dépression, l'obésité, les maladies cardiovasculaires, l'arthrite, les allergies, le diabète, les troubles gastro-intestinaux et les affections cutanées viennent d'une mauvaise nutrition. Les études indiquent que la plupart des Nord-Américains estiment qu'ils ont une alimentation adéquate. Qui plus est, la télévision et la radio nous bombardent de publicités faisant la promotion de nourritures malsaines que nous croyons bonnes parce qu'elles sont rapides et faciles à préparer, d'autant plus que les entreprises alimentaires et pharmaceutiques les approuvent.

Si nous faisions davantage la promotion d'une alimentation plus saine, il y aurait peut-être plus de gens en bonne santé. Notre environnement a changé, et les aliments sont maintenant surtraités et fabriqués plus rapidement. Nous pouvons acheter des aliments en hiver que nous ne trouvions qu'en saison il y a quelques années encore. Nos habitudes de vie ont changé aussi; nous vivons à toute vitesse dans un monde rempli de produits chimiques. Devons-nous compléter notre alimentation avec des vitamines synthétiques? Et rencontrons-nous tous nos besoins alimentaires quotidiens à travers tout ce que nous mangeons? À votre avis, quelle est la réponse?

La première chose à faire est de comprendre ce que l'on donne à notre corps, puis d'essayer d'élargir son horizon alimentaire pour ne pas toujours manger la même chose. Il est reconnu que l'abus d'un même aliment est une cause d'intolérance alimentaire. Ne pas oublier que les produits ont souvent été fortement traités et que bon nombre d'entre eux n'ont aucune valeur nutritive. Il faut lire les étiquettes apposées sur les produits et, si le choix est possible, opter pour des aliments naturels qui s'approchent le plus possible de ce que Dame Nature a prévu pour nous.

À propos des allergies et des intolérances

- Quelle est la différence entre une allergie et une intolérance ?
- Certains aliments vous rendent-ils malade après leur ingestion ?
- Connaissez-vous quelqu'un qui réagit à certains aliments ?

Ce chapitre vous dira tout sur les intolérances et les allergies alimentaires.

Allergies et intolérances alimentaires

Définitions

L'allergie réfère à une réponse du système immunitaire. Elle implique des processus immunologiques presque similaires à ceux qui combattent et rejettent un agent qui cause une maladie, tel un micro-organisme pathogène (causant une maladie).

L'hypersensibilité est le terme utilisé par les scientifiques pour décrire le processus immunologique qui aboutit à une allergie. Les termes « réaction allergique » et « réaction d'hypersensibilité » sont souvent interchangeables.

L'intolérance alimentaire réfère à une réaction qui n'implique pas le système immunitaire. Elle est provoquée par un problème dans la façon dont le corps gère l'aliment ou l'additif. Le terme « intolérance » n'est pas interchangeable avec allergie ou hypersensibilité.

La sensibilité alimentaire est une expression plutôt non spécifique qui réfère à la mauvaise réaction d'une personne à un aliment ou à un de ses composants, quand il n'est pas clair si la réaction est due à une allergie ou à une intolérance. Le terme « sensibilité » est donc interchangeable avec les termes « allergie » ou « intolérance », mais il ne donne aucune indication sur la raison des symptômes.

Les sensibilités alimentaires peuvent affecter n'importe quel système d'organes du corps. Fatigue, inquiétude, dépression, insomnie, obésité, infections d'oreille, rhinopharyngite, syndrome du côlon irritable, diarrhée, maladie de Crohn, tension artérielle, eczéma, urticaire, douleurs musculaires, maux de tête, migraines et asthme sont quelques-uns des symptômes apparaissant lors d'allergie alimentaire.

Types d'allergies

Notre système immunitaire peut produire des symptômes simplement en réaction à l'ingestion d'un aliment; cela s'appelle une allergie alimentaire. Elles sont classées en quatre types : I anaphylactique, II cytotoxique, III complexes antigènes anticorps et IV hypersensibilité retardée.

Il y a deux types de réaction allergique : fixée et cyclique. Les réactions fixées sont modérées par les IgE et sont facilement reconnaissables. Si vous mangez un aliment particulier et tombez malade ou avez une éruption de bouton immédiate, vous savez que l'aliment a déclenché la réaction, surtout si elle se produit chaque fois que vous en mangez. Il est difficile de détecter une allergie cyclique ou retardée. Parfois les symptômes apparaîtront des heures, voire des jours plus tard. On estime que seulement 5 % des allergies alimentaires sont immédiates et 95 %, retardées[1].

Réactions de type I

L'anaphylaxie est habituellement modérée par l'IgE. Dans ce cas, le corps fabrique un anticorps quand une substance étrangère (un antigène) a accès aux intestins, aux poumons ou à la peau.

Une réaction anaphylactique est fixée; elle peut être douce mais peut aussi être mortelle. Elle apparaît habituellement dans les minutes qui suivent l'ingestion de l'aliment. Elle peut affecter le système respiratoire (obstruction bronchique, respiration sifflante), le tube digestif (nausée, vomissement, ballonnement ou diarrhée), l'appareil cardiovasculaire (hypotension et choc) et la peau (urticaire). La sensibilité alimentaire dure habituellement plus de deux ans, même après avoir retiré l'aliment de l'alimentation; le seul traitement possible est donc l'élimination de l'aliment posant problème.

Réactions de type II et de type III

Les réactions cytotoxiques (type II) impliquent des réponses modérées des IgG ou des IgM et sont de nature cyclique. Les IgG et les IgM sont des anticorps qui sont produits pour défendre le système immunitaire. À la différence d'une allergie fixée, une allergie cyclique dépend de l'exposition. Par conséquent, plus un aliment sensible est ingéré, plus la réaction des IgG est grande, ce qui entraîne une sensibilité accrue. Le traitement pour ce type d'allergie est l'élimination de l'aliment pendant six mois, puis la réintroduction dans l'alimentation, mais de façon non quotidienne. L'élimination de l'aliment pendant six mois permet de faire chuter le taux des IgG. Quand l'aliment est réintroduit, il y a une légère hausse des IgG, mais un apport limité le maintiendra bas et ne produira donc pas de symptômes allergiques. Les médecins suggèrent une alimentation variée dans laquelle l'aliment suspect est ingéré seulement tous les quatre jours. Une exposition peu fréquente à cet aliment assure des réactions des IgG et des symptômes réactifs peu élevés. Quand un antigène-anticorps est formé dans le sang, c'est une réaction de type III. Les symptômes ne sont pas toujours immédiats et peuvent être retardés, donc pas toujours reliés à l'ingestion d'un aliment. Comme pour le type II, ils sont difficiles à diagnostiquer.

1. J.H. Jr. Boyles, « Introduction to food allergy: history et characteristics », dans H.F. Krause, du Otolaryngic Allergy et Immunology (Philadelphia: WB Saunders, 1989), 218p. Définitions réimprimées avec la permission de Dealing With Food Allergies, de Janice Vickerstaff Joneja, © 2003, Bull Publishing Company.

Réactions de type IV

Ce sont des réactions immunitaires modérées par les cellules, qui sont déclenchées par l'interaction entre des lymphocytes activement sensibilisés et des antigènes spécifiques. Ces types de réactions cycliques sont parfois les plus difficiles à diagnostiquer, car l'effet du lymphocyte T se développe de 24 à 72 heures après l'ingestion de l'antigène; il est donc difficile de dire quel aliment cause la réaction.

Des tests cutanés et des dosages des IgE sériques spécifiques ne les détecteront pas, c'est pourquoi les médecins disent souvent à leurs patients qu'ils n'ont pas d'allergies alimentaires alors qu'ils en ont.

Il existe de nombreuses façons de détecter les allergies. Voici quelques-unes de ces techniques.

Le test d'alimentation individuel (Individual Challenge Feeding Test) peut aider à détecter une allergie alimentaire. Il est basé sur la réaction à deux ingestions étroitement minutées d'un aliment spécifique.

- Chaque aliment testé doit être évité pendant au moins 4 jours, mais pas plus de 10 jours avant le test.

- Vérifiez votre pouls avant de manger l'aliment en question.

- Ingérez l'aliment spécifique et rien d'autre.

- Prenez votre pouls précisément à 20, 40 et 60 minutes après l'ingestion.

Si le pouls a accéléré mais qu'il n'y a pas de symptômes, il est probable qu'il y ait une sensibilité. Un pouls plus rapide avec des symptômes indique une sensibilité.

- Ingérez le même aliment une heure plus tard.

- Observez votre pouls et tout symptôme pendant 30 minutes.

S'il n'y a aucune réaction, incluez l'aliment testé dans votre repas du soir et surveillez l'apparition de symptômes retardés pendant la nuit.

D'autres tests d'allergie incluent le test de la piqûre : une zone de la peau, habituellement le haut du bras ou du dos, est piquée avec une aiguille et une goutte d'antigène y est déposée pour être absorbée par la peau. Si la personne est sensible à l'antigène, la peau réagira par une bosse ou une rougeur, et l'allergie sera notée. Si la personne a de bas niveaux d'IgE, il n'y aura pas toujours de réaction cutanée. Si la personne a seulement des intolérances alimentaires, ce qui entraîne une réponse IgG ou une allergie retardée, ce type de test sera sans effet.

Test de provocation sublingual : la fréquence du pouls de base est prise avant le début du test. L'antigène d'essai est ensuite placé sous la langue du patient et gardé dans cette zone pendant une minute. Cela permet une absorption plus rapide dans le sang. Après cinq minutes, le pouls est pris et la mesure est comparée à celle de base. Tous les symptômes du patient sont également notés. S'il y a le moindre changement observé, cela indique un positif, et des dilutions plus fortes ou plus faibles du même antigène sont ensuite administrées jusqu'à ce que le pouls du patient soit de nouveau à la mesure de base et que les symptômes aient disparu.

Test de Vega ou Test électrodermal : il s'agit d'une méthode populaire pour tester les allergies en Europe et en Amérique du Nord. Elle est basée sur le concept qu'il se produit de légers changements dans l'impédance électrique de la peau d'une personne quand un allergène est placé sur un circuit électrique. Le patient tient une électrode dans la main, qui est reliée par circuit à une sonde tenue par le praticien. Le praticien place un allergène dans le support sur le circuit et touche la sonde à un point d'acupuncture sur la peau du patient. Plus la sensibilité du patient à l'allergène est grande, plus la lecture sur le galvanomètre est élevée. Aucune étude scientifique n'a encore confirmé ce type de test.

D'autres formes de tests existent, comme le test de kinésiologie appliquée ou test de raffermissement musculaire. Beaucoup de ces tests sont basés sur une approche holistique; cependant, le corps médical les juge parfois non concluants. Ici encore, aucune preuve scientifique ne soutient ces tests.

Allergies alimentaires courantes

Les allergies les plus courantes sont au blé, aux œufs, au lait, aux fruits de mer et crustacés et aux arachides. Ces allergies peuvent causer des ballonnements, de l'urticaire, des crampes et de la diarrhée, voire un choc anaphylactique ou de la fatigue. Certaines réponses allergiques sont immédiates, comme la respiration sifflante ou les yeux qui brûlent, tandis que d'autres sont retardées, ce qui augmente la difficulté d'en détecter la cause. Les réactions retardées peuvent inclure les douleurs articulaires, l'eczéma, la migraine, la diarrhée, l'hyperactivité, la fatigue et la dépression.

Êtes-vous allergique ?

Certaines personnes ont du mal à déterminer si elles sont allergiques car beaucoup de symptômes sont masqués ou cachés. On peut avoir constamment le nez bouché sans attribuer ce symptôme, par exemple, au lait que l'on boit trois fois par jour. Parfois, en arrêtant la consommation de lait, la situation d'un nez bouché se détériorera avant de s'améliorer. On appelle cela la réponse du manque.

Les enfants qui ont des allergies alimentaires ont souvent l'air fatigué et ont des cernes sombres sous les yeux. Ils ont tendance à avoir des maux ou des infections aux oreilles. Ils peuvent de plus avoir de la difficulté à se concentrer à l'école et être irritables. La plupart de ces symptômes disparaissent quand l'aliment allergène est éliminé.

Les gens sont avides des aliments auxquels ils sont allergiques; une bonne façon de découvrir ce à quoi vous êtes allergique est de vous demander quel est l'aliment sans lequel vous ne pourriez pas vivre ? L'impact des allergies sur le corps peut entraîner l'affaiblissement du système immunitaire, propice aux maladies; il est donc très important de découvrir ce à quoi vous êtes allergique et de prendre la situation en main.

Régime rotatif

Un régime rotatif est une façon de manger une gamme variée d'aliments différents. Cette approche est fortement recommandée si vous avez découvert que vous avez une allergie ou une intolérance alimentaire. Il est conçu de telle façon que vous ne mangez pas les mêmes aliments chaque jour. Quand on devient allergique et que l'on doit omettre un aliment en particulier, il est facile de le remplacer par un autre similaire ou de la même famille. Mais si on mange ce nouvel aliment tous les jours, on court le risque de développer une allergie ou une intolérance à cet aliment.

Il y a plusieurs types de régimes rotatifs. Le plus courant est une rotation sur quatre jours. Ce qui signifie que n'importe quel aliment sera mangé une seule fois en quatre jours et évité le reste de la semaine. Quand vous commencez un régime rotatif, vous évitez tous les aliments indiqués par votre médecin et vous vous sentez mieux très rapidement. Mais attention à ne pas tricher pour donner à votre système une chance de bénéficier du régime rotatif. Si vous trichez et ne vous sentez pas bien, vous saurez immédiatement que l'aliment en question est un de ceux à éviter pendant un certain temps. Certains médecins recommandent de maintenir le régime rotatif pendant au moins trois mois. Pour planifier un tel régime, consultez un diététicien, un nutritionniste ou un médecin naturopathe.

Un guide rapide sur des produits chimiques naturels

Introduction

On trouve des produits chimiques partout, aussi bien dans la nature que dans notre nourriture. Parfois ils sont salutaires et d'autres fois ils sont toxiques. De nos jours, beaucoup de gens semblent être sensibles aux produits chimiques naturels qui se trouvent dans les aliments et notre environnement.

Les réactions aux produits chimiques des aliments sont parfois héréditaires, mais n'importe qui peut développer des symptômes à n'importe quel âge. Les produits chimiques naturels peuvent poser autant de problèmes que les produits chimiques artificiels employés comme additifs alimentaires. Habituellement, plus la nourriture est savoureuse, plus elle contient de produits chimiques naturels ou artificiels.

Les phénols sont des produits chimiques qui se trouvent dans les aliments et que certaines personnes ont du mal à digérer. Les niveaux de ces produits chimiques dans le corps peuvent augmenter au point de l'affecter. Le salicylate, produit chimique naturel sous-groupe du phénol, peut causer des symptômes semblables; de nombreuses usines d'aliments en produisent. Il est lié chimiquement à l'aspirine qui est un dérivé de l'acide salicylique. Bien que des salicylates se trouvent dans les aliments complets, certaines personnes ont du mal à les tolérer, même en petites quantités. La réaction au salicylate naturel peut être aussi grave que celle aux additifs synthétiques si la personne est très sensible.

Quelques symptômes de sensibilité au salicylate sont les suivants : asthme, urticaire, indigestion, cernes sombres sous les yeux, diarrhée, hyperactivité, mal de tête et respiration sifflante.

Les pages suivantes présentent un guide rapide sur certains des produits chimiques naturels les plus importants, ainsi qu'une liste des aliments riches ou faibles en salicylates.

Vous pouvez avoir envie d'éliminer ou du moins de réduire la consommation de ces aliments pour empêcher une surcharge et des réactions. Après les avoir évités, observez si vous commencez à vous sentir un peu mieux. Puis, après quelques semaines, faites un test et ingérez un des aliments omis pour voir s'il vous rend toujours malade. Rappelez-vous cependant que les symptômes pourraient ne pas se reproduire pendant plusieurs jours parce que l'effet peut être cumulatif.

Avant d'essayer d'aborder ces défis vous-même, demandez conseil à votre médecin. Il pourrait vous suggérer un test d'allergie; mais rappelez-vous qu'un test d'allergie normal n'indiquera pas si vous êtes sensible à certains aliments – il vous indiquera seulement que vous êtes allergique. Vous serez donc encore dans le doute même après avoir éliminé certains aliments de votre alimentation. Consultez un médecin, un naturopathe ou un nutritionniste environnemental pour des conseils sur un régime d'élimination.

Quelques produits chimiques naturels courants

Amines

Les amines viennent de la décomposition des protéines. Elles se trouvent dans les produits fermentés comme le fromage, les vins, le chocolat, les bananes, les avocats et les tomates. Les niveaux d'amines peuvent augmenter lorsqu'on fait griller ou dorer de la viande.

MSG

Le glutamate de sodium – ou MSG – se trouve naturellement dans certains aliments. Les aliments riches en MSG naturels sont les tomates, les champignons et les fromages. Le MSG est souvent utilisé pour rehausser la saveur des potages, des sauces, des grignotines et de la cuisine chinoise. Certains aliments comme le thon en boîte semblent contenir des MSG, mais c'est parfois difficile à identifier, car les fabricants utilisent des noms comme caséinate de sodium, levure hydrolysée, protéine végétale hydrolysée, extrait de levure, arôme naturel ou « autres épices ».

Salicylates

Les salicylates forment une famille de produits chimiques végétales. On les trouve au naturel dans les fruits, les légumes, les noix, les épices, le thé, le café, les parfums, les arômes et les médicaments. L'aspirine est un membre de la famille des salicylates. Les niveaux de salicylate sont élevés dans les fruits verts et diminuent avec la maturation. Voici une liste des aliments avec leurs niveaux de salicylates.

Très élevé – à éviter

- raisins secs, pruneaux
- graines d'anis, piment de Cayenne, poudre de céleri, cannelle, cari, aneth, cinq épices chinoises, garam masala, macis, moutarde, origan, paprika, romarin, sauge, estragon, curcuma, thym, sauce Worcestershire

Élevé – à éviter

- pommes (acides comme la Granny Smith), baies, agrumes, raisins de Corinthe, fruits secs, figues, goyaves, raisins, kiwis, ananas
- brocoli, chicorée frisée, endives, cornichons, champignons, poivrons, radis, cresson de fontaine
- piment de la Jamaïque, feuilles de laurier, piment du Chili, clou de girofle, gingembre, menthe, noix, muscade, poivre noir, marinades
- amandes, pistaches, noix de macadamia, pignons
- miel, réglisse, menthe poivrée, gomme à mâcher
- thé noir, rhum, porto, Tia Maria, Bénédictine, Drambuie

Modéré
– à manger de temps en temps

- abricots, dattes, litchi, pêches, prunes
- asperges, avocats, concombres, choux-fleurs, oignons, courges, tomates (en boîte)

- poivre blanc
- noix du Brésil, noix
- farine de maïs
- café (instantané), thé à l'églantine, bière, cidre, xérès, vin rouge et vin blanc

Bas – à manger librement

- pommes (non acides), bananes, mangues, fruit de la passion, asimine, poires (pelées), kakis, papayes, grenades, rhubarbe
- pois chiches, pois secs, haricots verts, germes de haricot, betteraves, chou, carottes, céleri, poireaux, lentilles, laitue, petits pois, pois cassés, pommes de terre, rutabagas, échalotes, épinards, maïs doux, tomates (fraîches avec jus), navets
- feuilles de coriandre, ail, persil frais, safran, sauce soja, sauce Tabasco, poudre tandoori, vinaigre (malt)
- noix de cajou, noix de coco sèche, noisettes, arachides, pacanes, graines de pavot, graines de sésame, graines de tournesol
- toutes les céréales sauf la farine de maïs
- toutes les viandes, tous les poissons et crustacés, lait, fromage
- la plupart des tisanes, thé noir décaféiné, eau-de-vie, gin, vodka, whisky

Additifs alimentaires

Introduction

Environ 80 % des aliments que nous consommons aujourd'hui sont raffinés et chimiquement modifiés. Les additifs ne sont pas des arômes, des épices ou des aromates naturels. Aux États-Unis, la Food and Drug Administration (FDA) permet plus de 15 000 additifs alimentaires et chimiques. L'Américain moyen consomme 4 à 6 kg (10 à 15 lb) de sel et additifs par an. Les additifs alimentaires ajoutent de la saveur aux aliments et empêchent également qu'ils s'abîment, ce qui augmente leur durée de conservation, mais à quel prix ? Les additifs sont aussi source de problèmes. À l'heure actuelle, on utilise des préservatifs pour garder la nourriture fraîche plus longtemps et des colorants, pour la rendre plus attrayante.

Voici un guide rapide au sujet des « vilains » sur les tablettes des magasins d'alimentation...

Aspartame

Equal™ et NutraSweet™ sont les noms actuels de l'aspartame sur le marché. L'aspartame augmente le goût des édulcorants et est environ 200 fois plus sucré que le sucrose, ou la saccharose. Une molécule d'aspartame se compose de deux acides aminés (phénylalanine et acide aspartique) liés par une molécule de méthanol, l'alcool que l'on trouve dans l'antigel. À 28 °C (86 °F), inférieur à la température du corps, ces composants se décomposent et ont des effets distinctifs. Le corps métabolise le méthanol en formaldéhyde, puis en acide formique, tous deux étant des poisons métaboliques efficaces. La phénylalanine et l'acide aspartique imitent tous les deux des neurotransmetteurs du cerveau, peuvent déranger l'équilibre des produits chimiques et peuvent être liés à la dépression, aux infarctus, aux problèmes de mémoire, à la maladie de Parkinson, à la SLA (maladie de Charcot), à la sclérose en plaques et au début du diabète de type II.

BHA

L'hydroxyanisole butylé est utilisé comme préservatif dans les aliments cuits, les sucreries, la gomme à mâcher, les bases de potage, les céréales de petit-déjeuner, les shortenings, les mélanges secs à gâteaux, les pommes de terre, les flocons de pommes de terre et la crème glacée. Le BHA est également un antioxydant et peut affecter la fonction du foie et des reins. Le BHA a été associé aux problèmes comportementaux des enfants.

BHT

L'hydroxytoluène butylé retarde la rancidité des saucisses de porc fraîches et surgelées et des viandes lyophilisées. Le produit de base utilisé dans les shortenings et les graisses animales contient du BHT. C'est également le produit de base de la gomme à mâcher. Les réactions allergiques et l'élargissement du foie peuvent être des effets secondaires du BHT.

Caféine

La caféine est un stimulant qui crée une dépendance. La consommation de grandes quantités de caféine sur une longue période peut avoir des effets toxiques sur le corps et affecter la glycémie, le foie, le système nerveux central, le cœur et le système respiratoire. La caféine peut causer des palpitations, de l'insomnie, de l'irritabilité et des sautes d'humeur. La caféine est un ingrédient du café, du thé, des boissons gazeuses et du chocolat.

Nitrates et nitrites

Les nitrates sont des produits chimiques naturels qui sont utilisés pour conserver la viande et améliorer sa saveur.

En grandes quantités, les nitrates (également appelés nitrites) sont reconnus comme étant toxiques et pouvant causer le cancer. Il y a des années, les fabricants ajoutaient du nitrite de sodium aux aliments pour bébé pour leur donner belle apparence. Une fois que le grand public s'est rendu compte des risques, l'industrie les a retirés.

L'industrie de la viande prétend que les nitrites sont nécessaires pour empêcher la croissance des bactéries qui causent le botulisme. Il est important de savoir que les nitrites ne détruisent pas les spores de la bactérie, ils retardent seulement leur germination. Une réfrigération appropriée et l'attention portée aux dates de péremption fonctionnent aussi bien. Des études ont démontré que les fabricants pourraient ajouter de la vitamine C ou E aux viandes traitées comme protection supplémentaire. Si le public était plus conscient des dangers des additifs comme les nitrites, le gouvernement chercherait sans doute des solutions de rechange.

Sorbate

Le sorbate est un préventif fongueux et un agent préservatif que l'on retrouve dans les sirops de chocolat, les salades préparées, le gâteau au fromage, les garnitures à tartes, les conserves, les aliments cuits et les gelées artificiellement sucrées. Les chercheurs ont constaté que ce produit chimique interrompt les fonctions des enzymes, et comme le corps humain comprend beaucoup de systèmes enzymatiques, toute interférence peut poser des problèmes.

Sulfites

Les sulfites sont utilisés pour réduire et empêcher la décoloration des légumes et des fruits comme les fruits secs et les pommes de terre déshydratées. C'est un agent préservatif et de blanchissement que l'on trouve dans les fruits en tranches, la bière et le vin. On les trouve également dans les vinaigrettes, le sirop de maïs, le vinaigre de vin et différentes sauces. Les réactions aux sulfites peuvent induire de l'urticaire, des vertiges, de la difficulté à respirer et même, mais plus rarement, la mort.

Sucre

Le sucre est un des produits alimentaires les plus préjudiciables et les plus destructeurs de notre alimentation quotidienne. Quelle que soit sa forme, le sucre est très rapidement absorbé dans le sang où il fournit une énergie qui agit avec rapidité, mais de courte durée. Qu'il provienne de la canne, de la betterave ou du maïs, le sucre n'a aucune valeur nutritive et ne procure que des calories vides. Le corps convertit tous les sucres en glucose et, une fois converti, le distribue par le sang comme une source d'énergie et le stocke dans le foie et les muscles sous forme de graisse.

Le sucre crée une dépendance et agit comme une drogue s'il est ingéré en grandes quantités ou consommé quotidiennement. Il faut faire très attention avec les jus de fruits qui ont une très forte concentration en sucres naturels qui peuvent avoir les mêmes effets nocifs que le sucre pur. On trouve du sucre partout. Les Nord-Américains consomment en moyenne 55 kg (130 lb) de sucre et d'édulcorants par an. Une personne consomme 20 % de ses calories à partir d'une forme de sucre raffiné. Cette consommation élevée est une conclusion relativement nouvelle, le sucre étant devenu un aliment de base de notre alimentation au cours des deux derniers siècles. En Amérique coloniale, le sucre de table coûtait près de 5 dollars le kg par opposition au faible coût d'environ 50 cents par livre aujourd'hui.

Lorsqu'on ingère du sucre, le système immunitaire s'en trouve presque immédiatement affaibli – c'est-à-dire qu'il devient moins efficace –, et cela peut prédisposer certaines personnes aux infections et aux allergies. La grippe et d'autres infections respiratoires sont souvent reliées à une forte consommation de sucre, surtout après des vacances… et une consommation élevée de bonbons. Les minéraux nécessaires pour digérer le sucre sont le chrome, le manganèse, le cobalt, le cuivre, le zinc et le magnésium. Ils ont été éliminés lors du processus de raffinage du sucre, et le corps doit épuiser ses propres réserves minérales pour transformer le sucre raffiné. Le sucre crée également un déséquilibre dans le rapport calcium/phosphore, élevant les niveaux du calcium sanguin et diminuant ceux du phosphore (ce qui signifie que les niveaux de calcium sanguin resteront normaux tandis que la personne développe de l'ostéoporose). Le sucre cause une augmentation de l'excrétion calcique du corps. Même juste 10 ml (2 c. à thé) de sucre peuvent changer les rapports minéraux dans le corps.

Noms des formes de sucre

Sucrose

Dextrose

Sorbitol

Sirop de maïs

Fructose

Maltose

Miel

Sucre brun

Lactose

Mélasse

Sucre inverti

Xylitol

Glucose

Teneur en sucre de certains produits du commerce

Ketchup
(15 ml [1 c. à soupe] de ketchup
contient 5 ml [1 c. à thé] de sucre)

Boissons gazeuses
(certaines contiennent jusqu'à 60 ml
[12 c. à thé] de sucre par 250 ml [8 onces])

Bonbons haricot et guimauves
(ils sont 100 % sucre)

Sauces

Mayonnaise

Salsa

Viandes industrielles

Céréales

Relish

Dîners surgelés

Beurre d'arachide

Moutarde

Pains

Certains médicaments

Substituts aux aliments courants

Maintenant que vous savez que vous avez des allergies et (ou) des intolérances alimentaires, vous devez découvrir ce que vous pouvez manger. Voici une liste de substituts aux aliments courants et la quantité à utiliser dans les recettes. Voici également des suggestions pour certains nouveaux aliments tels que céréales et lentilles, et comment les faire cuire. Plusieurs de ces aliments étaient nouveaux pour moi, et je ne savais pas où les acheter, avec quoi et comment les faire cuire.

Solutions de rechange alimentaires

Produits laitiers

250 ml (1 tasse)   de lait de vache =

250 ml (1 tasse)   de lait de chèvre

250 ml (1 tasse)   de lait de soja

250 ml (1 tasse)   de lait de riz

250 ml (1 tasse)   de lait de noix

50 ml (1/4 tasse)   de tofu mélangé avec 175 ml (3/4 tasse) d'eau

75 ml (1/3 tasse)   de noix de coco râpée mélangée
                         avec 250 ml (1 tasse) d'eau

50 ml (1/4 tasse)   de noix ou de graines mélangées
                         avec 250 ml (1 tasse) d'eau

1 tasse de babeurre =   250 ml (1 tasse) de lait de soja
                         avec 10 ml (2 c. à thé) de jus de citron

Solutions de rechange

Lait de soja • Lait de riz • Lait de noix
Lait de coco • Lait de chèvre

(Certaines personnes qui ne tolèrent pas le lait de vache peuvent tolérer le lait de chèvre.)

Œufs

1 œuf =

15 ml (1 c. à soupe)	de graines de lin moulues avec 45 à 60 ml (3 à 4 c. à soupe) d'eau; fouetter ou passer au mélangeur (utilisées comme liant)
15 ml (1 c. à soupe)	de graines de lin non moulues dans 175 ml (3/4 tasse) d'eau porter à ébullition pendant 5 minutes, laisser mijoter, puis laisser refroidir un peu et ajouter aux muffins comme liant
50 ml (1/4 tasse)	de tofu pour chaque substitut d'œuf (utilisé comme liant)
15 ml (1 c. à soupe)	de gélatine ramollie dans 45 ml (3 c. à soupe) d'eau bouillante; remuer jusqu'à dissolution, mettre au congélateur; sortir une fois épaissi et battre jusqu'à obtenir une mousse (utilisée comme liant)
5 ml (1 c. à thé)	de levure chimique pour chaque œuf (utilisé comme agent levant)
15 ml (1 c. à soupe)	de balles de psyllium avec 45 ml (3 c. à soupe) d'eau; laisser reposer brièvement
1 ml (1/4 c. à thé)	de gomme de guar
1 blanc d'œuf =	1 ml (1/4 c. à thé) d'agar-agar dans 30 ml (2 c. à soupe) d'eau; fouetter, rafraîchir et fouetter

Solutions de rechange

Tofu • Substitut d'œuf commercial • Gélatine • Graines de lin
Balles de psyllium • Flocons d'agar • Arrow-root
Banane écrasée

Les œufs de cane ou de caille sont parfois tolérés
par les personnes allergiques aux œufs de poule.

Beurre

Au lieu de mettre du beurre, essayer le tahini, le tofu, l'avocat écrasé, les beurres de noix ou les tartinades de lentilles. Remplacer le beurre dans les recettes par de l'huile d'olive, de carthame, de tournesol, de sésame, d'avocat ou de coco.

Farines

250 ml (1 tasse) de farine blanche ou complète =

250 ml (1 tasse)	de farine d'épeautre
250 ml (1 tasse)	de farine de millet
220 ml (7/8 tasse)	de farine de sarrasin
220 ml (7/8 tasse)	de farine de riz
175 ml (3/4 tasse)	de farine de riz brun
1 tasse (250 ml)	de farine de soja
1 tasse (250 ml)	de farine de seigle
175 ml (3/4 tasse)	de farine d'orge
175 ml (3/4 tasse)	de farine de pois chiche ou d'un autre haricot
250 ml (1 tasse)	de farine d'avoine
250 ml (1 tasse)	de farine de tapioca
220 ml (7/8 tasse)	de farine de kamut, de quinoa ou d'amarante
250 ml (1 tasse)	de farine de manioc

Solutions de rechange

Amarante • Orge • Sarrasin • Riz brun • Manioc
Pois chiche • Kamut • Millet • Avoine • Quinoa
Seigle • Soja • Épeautre • Tapioca • Tef

Épaississants

15 ml (1 c. à soupe) de farine de blé =

22 ml (1 1/2 c. à soupe)	d'arrow-root
7 ml (1/2 c. à soupe)	de fécule de maïs
15 ml (1 c. à soupe)	de farine d'épeautre
15 ml (1 c. à soupe)	de farine de tapioca
15 ml (1 c. à soupe)	de farine ou de fécule de pomme de terre

Sucre

250 ml (1 tasse) de sucre =

125 ml (1/2 tasse)	de miel
125 ml (1/2 tasse)	de sirop d'érable
125 ml (1/2 tasse)	de mélasse
125 ml (1/2 tasse)	de sirop de riz
175 ml (3/4 tasse)	de malt d'orge
125 ml (1/2 tasse)	de purée de fruits
5 ml (1 c. à thé)	de stevia moulu

Solutions de rechange

Stevia • Sirop d'érable • Miel
Mélasse • Sirop de riz
Jus de fruits • Malt d'orge
Fruits

Remarque

En termes d'édulcorant, essayer le sirop d'érable pur, le sirop de riz, le malt d'orge, la mélasse, le miel ou le stevia. On les trouve facilement dans les magasins d'alimentation naturelle.

Le stevia est une solution de rechange naturelle au sucre. Il est extrait d'une plante cultivée au Paraguay, qui est 300 fois plus sucrée que le sucre. Les Autoctones ou les Paraguéens utilisent les feuilles de stevia pour sucrer leur thé et leurs aliments depuis très longtemps.

Le stevia a des propriétés antifongiques, participe à l'absorption des graisses et n'affecte pas le taux de glycémie ni n'incite à la carie dentaire. On trouve des plants de stevia au Canada, qu'on peut faire pousser en été. Vérifiez avec les producteurs biologiques locaux. Si vous utilisez des feuilles de stevia pour sucrer votre thé, une ou deux feuilles sont amplement suffisantes. Si vous utilisez du stevia moulu pour un plat, 7 à 10 ml (1,5 à 2 c. à thé) équivalent à 250 ml (1 tasse) de sucre. Chaque plante peut différer en pouvoir sucrant; faites donc preuve de jugement et goûtez d'abord la poudre.

Vinaigre

Jus de citron ou de lime, jus de canneberge ou diluer 5 ml (1 c. à thé) de cristaux de vitamine C dans 50 ml (1/4 tasse) d'eau. Certaines personnes utilisent du vinaigre de cidre qu'elles tolèrent bien car c'est le maïs dans le vinaigre blanc qui est gênant.

Bases de tartes

Noix ou graines moulues, purée de légumes, purée de patates douces ou de pommes de terre.

Garnitures à tartes

Patate douce, pomme de terre blanche, fruits ou légumes râpés.

Agents levants

Éviter la levure chimique commerciale car elle contient de la fécule de maïs, du gluten et de l'aluminium. Acheter une levure chimique sans aluminium ou faire sa propre levure. Mélanger 5 ml (1 c. à thé) de bicarbonate de sodium avec 10 ml (2 c. à thé) de crème de tartre. Utiliser 5 ml (1 c. à thé) de ce mélange pour chaque tasse de farine demandée dans la recette. Ou essayer 1 ml (1/4 c. à thé) de bicarbonate de sodium avec 2 ml (1/2 c. à thé) de jus de citron, de lime ou de cristaux de vitamine C en poudre.

Les cristaux de vitamine C non tamponnée alliés au bicarbonate de sodium servent de levain. Ils peuvent également être utilisés dans des salades à la place du vinaigre ou du jus de citron.

Gélatine

Flocons d'agar. L'agar est dérivé d'une algue et peut être utilisé à la place de la gélatine. On le trouve en flocons ou en poudre, et on a habituellement besoin de moins de poudre que de flocons pour faire la gelée.

Chocolat

Farine ou copeaux de caroube. La caroube est une légumineuse et est un bon substitut au chocolat.

Pain blanc

Pain 100 % seigle ou pain au levain, à l'épeautre, à l'orge, au kamut ou au riz.

Huile végétale

Huiles pressées à froid : tournesol, carthame, colza, lin, olive vierge. Prendre des huiles biologiques, si possible.

Riz blanc

Riz brun, riz basmati, riz sauvage.

Craquelins

Craquelins de seigle ou de riz. Pour les chapelures et enrobages, on peut aussi moudre des noix ou des graines.

Pâtes de blé

Pâtes de maïs, de kamut, de quinoa, d'épeautre, de riz.

Pommes de terre blanches

Patates douces, riz, ignames, nouilles, carottes, maïs, courges, citrouilles, rutabagas, navets, panais, radis, oignons, haricots, échalotes, chous-raves.

Définitions

Solanacées

La famille des solanacées inclut la pomme de terre blanche, le tabac et des poivrons de toutes sortes, dont les piments, le paprika, le piment de Cayenne et le piment du Chili; le poivre blanc et le poivre noir ne font pas partie de la famille des solanacées.

Gluten

Une protéine qui se trouve dans les céréales comme le blé, l'avoine, l'épeautre, le seigle, le triticale et le couscous. Mélangée avec un liquide, elle donne de l'élasticité à la pâte et l'aide à monter.

Voici quelques solutions de rechange pour éviter le gluten :

Farines : maïs, riz, sarrasin, millet, tapioca, tef, quinoa, soja, pomme de terre, arrow-root, amarante ou pois chiche.

Pâtes : riz, maïs, quinoa ou sarrasin.

Céréales : riz, maïs, amarante ou quinoa soufflé. On peut aussi utiliser des pois, des haricots secs, des lentilles, des noix et des graines.

Différents types de céréales

Amarante*

Signifiant « immortel » en grec, l'amarante a le plus fort contenu protéique de toutes les céréales; elle est riche en lysine, un acide aminé essentiel qui fait défaut à de nombreuses céréales. Elle contient une protéine plus complète que le lait ou la graine de soja et est une bonne source de fibres. L'amarante est idéale pour les végétariens en raison de sa forte teneur en protéines et minéraux et de sa faible teneur en graisses et cholestérol. C'est une bonne solution de rechange pour les personnes allergiques au blé, car la farine peut être substituée dans presque n'importe quelle recette; elle est délicieuse dans les produits de boulangerie ou les pâtisseries. Les graines d'amarante peuvent être soufflées comme le maïs et utilisées dans des barres énergétiques. Si elles sont bouillies dans l'eau puis rafraîchies, elles développent une texture gélatineuse qui peut entrer dans la préparation des confitures et des tartinades de fruits, évitant ainsi l'utilisation de pectine et (ou) d'édulcorant. L'amarante ne contient pas de gluten.

Pour un petit-déjeuner de céréales chaudes, faire cuire 250 ml (1 tasse) de graines d'amarante complètes dans 500 ml (2 tasses) d'eau. Laisser mijoter doucement en ajoutant de l'eau au besoin. Sucrer avec du miel et ajouter du lait de soja ou de riz.

Orge

L'orge est un aliment partiellement raffiné, ses couches externes étant enlevées en raison de leur dureté. L'orge perlé a été raffiné jusqu'à devenir petit et blanc; il vaut donc mieux favoriser l'orge mondé qui contient plus d'éléments nutritifs. L'orge a une saveur délicieuse, est caoutchouteux et plaisant ajouté aux potages. C'est une bonne source de protéines, de potassium et d'autres minéraux. On peut utiliser de la farine d'orge au lieu de blé dans les recettes; elle est également très bonne pour les croûtes de tartes.

L'orge a été introduite en Amérique du Nord par des Européens, où elle a été développée pour participer à la fabrication de la bière. Elle est tout indiquée en cas d'infection de la vessie. Laisser mijoter 125 ml (½ tasse) d'orge dans 1,5 l (6 tasses) d'eau pendant 3 heures, filtrer et boire en soupe en ajoutant du jus de citron et du miel.

Utiliser 250 ml (1 tasse) d'orge pour 750 ml (3 tasses) d'eau et cuire pendant 75 minutes.

* Céréale sans gluten

Sarrasin*

Le sarrasin contient presque autant de protéines que les œufs mais aucun cholestérol; il a une teneur élevée en potassium et en vitamine B et ne contient pas de gluten. Le sarrasin n'est pas lié à la famille des graminées et est habituellement toléré par les personnes allergiques au blé. Le sarrasin est une graine riche en glycoside flavonoïde connu sous le nom de rutine. La rutine est efficace dans le traitement de l'hypertension et du durcissement des artères. Le sarrasin est excellent dans les recettes de gâteaux et pour des crêpes.

Utiliser 250 ml (1 tasse) de sarrasin pour 500 ml (2 tasses) d'eau et cuire pendant 15 minutes.

Boulgour

Le boulgour est simplement un grain de blé entier qui a été trempé et cuit jusqu'à ce qu'il s'ouvre, d'où son autre nom de blé concassé.

Utiliser 250 ml (1 tasse) de boulgour pour 500 ml (2 tasses) d'eau et cuire pendant 20 minutes.

Kamut

Le kamut a une riche saveur de beurre et a de véritables « propriétés énergétiques ». L'histoire indique que le kamut a été sorti d'un tombeau égyptien, d'où son nom « blé de KingTut ». C'est un parent du blé dur et membre de la famille des graminacées; il peut donc être toléré par les personnes allergiques au blé. Le kamut a une teneur en minéraux et protéines plus élevée que le blé et est riche en magnésium et en zinc. Il n'a aucune graisse ou cholestérol mais contient du gluten. Le kamut est excellent comme pâtes et, à mon avis, son goût est très similaire aux pâtes de blé courantes. Les flocons de kamut sont délicieux en muesli pour ceux qui veulent éviter l'avoine.

Millet*

Le millet est riche en éléments nutritifs protéines, vitamines et minéraux – et ne contient pas de gluten. Il a une délicieuse saveur de noisette; c'est une céréale alcaline facile à digérer et ne génère pas de mucus, il est donc très bon pour les nourrissons et les personnes âgées. Le millet est la céréale la moins susceptible d'affecter les personnes qui ont des sensibilités. Il se cuit comme le riz. Le meilleur millet est de couleur dorée. La farine de millet peut entrer dans les produits de boulangerie ou les pâtisseries, mais fait parfois des grumeaux.

Pour faire ressortir sa saveur de noisette, faire griller les grains dans une poêle en fonte pendant 5 minutes avant de les cuire. Utiliser 500 ml (2 tasses) d'eau pour 250 ml (1 tasse) de millet. Cuire environ 30 minutes.

* Céréale sans gluten

Avoine

L'avoine est très riche en éléments nutritifs. Elle a une teneur élevée en silice, est bonne pour le teint et fait briller les cheveux. Le gruau d'avoine est la céréale entière, décortiquée, et le flocon d'avoine est le gruau aplati pour qu'il cuise plus vite. Les flocons instantanés ont été précuits; ils sont à éviter.

Utiliser 250 ml (1 tasse) de flocons d'avoine pour 750 ml (3 tasses) d'eau et laisser mijoter pendant 30 minutes. Utiliser 250 ml (1 tasse) d'avoine entière pour 1,25 l (5 tasses) d'eau et cuire plusieurs heures.

Quinoa*

Prononcé « keenwa », le quinoa est connu comme étant la céréale mère. Il est cultivé au Canada de façon biologique et est une bonne source de nutrition. Il est riche en protéines et a des sucres naturels, des acides gras essentiels, des vitamines B et des oligo-éléments. Le quinoa contient les huit acides aminés essentiels, ce qui en fait une protéine de haute qualité. Il est très polyvalent et peut être utilisé dans de nombreuses recettes car il ne contient pas de gluten. Bien le rincer avant de faire cuire.

Utiliser 250 ml (1 tasse) de quinoa pour 500 ml (2 tasses) d'eau. Porter à ébullition, puis réduire le feu et laisser mijoter pendant 15 minutes.

Riz*

Faible en gras, le riz fournit des protéines et la plupart des vitamines B. Le riz brun est le grain entier sans la cosse mais avec le reste du grain intact, incluant le son et le germe; il se digère très bien. Le riz à grain court a une texture plus douce et plus collante une fois cuit et est bon dans des flans ou des sauces. Le riz à grain long est plus sec. Le riz basmati est plus caoutchouteux et a un arôme merveilleux à la cuisson. Le riz sauvage n'est pas du riz, mais des graines d'herbe. Il est très nutritif et a plus de protéines que l'avoine ou le riz brun et est riche en minéraux. Quand le riz est servi avec des légumes, on a un repas sain, riche en protéines, faible en gras et en cholestérol et à forte teneur en vitamines et en minéraux.

Utiliser 250 ml (1 tasse) de riz brun pour 500 ml (2 tasses) d'eau, porter à ébullition et laisser mijoter pendant 40 minutes.

* Céréale sans gluten

Seigle

Le seigle a une faible teneur en gluten, c'est pourquoi le pain de seigle ne lève pas autant que les autres pains et rassasie plus vite. Le seigle est riche en protéines et a une saveur particulière. Il est très polyvalent et peut remplacer le blé dans de nombreuses recettes. Le seigle concassé est délicieux comme céréale de petit-déjeuner.

Utiliser 250 ml (1 tasse) de seigle pour 750 ml (3 tasses) d'eau et cuire pendant 1 heure.

Épeautre

L'épeautre est une céréale qui pousse en Europe depuis plus de 9 000 ans. Certaines personnes qui sont allergiques au blé peuvent tolérer l'épeautre. Il contient plus de protéines, de graisses et de fibres que le blé et est riche en vitamines A et B, potassium et oligo-éléments. La recherche indique qu'il aide le sang à coaguler et stimule le système immunitaire. La farine d'épeautre est excellente dans les produits de boulangerie et les pâtisseries comme les pains et les muffins. La farine d'épeautre est plus sèche que la farine de blé, il se peut donc que vous deviez ajuster votre recette avec un peu plus de liquide ou d'huile.

Utiliser 250 ml (1 tasse) d'épeautre pour 375 ml (1 1/2 tasse) d'eau et cuire pendant 30 minutes.

Tef*

Céréale cultivée depuis très longtemps en Éthiopie, le tef se présente en couleur ivoire ou foncée. Il a un goût délicieux, est idéal pour les biscuits, muffins et crêpes et ne contient pas de gluten. C'est une bonne source de fer, de calcium et de vitamines B. Rechercher le tef et sa farine dans les sections en vrac des magasins d'alimentation naturelle. Comme les autres céréales, il doit être gardé dans un endroit frais et sec, au réfrigérateur ou au congélateur.

Utiliser 250 ml (1 tasse) de tef pour 750 ml (3 tasses) d'eau et cuire pendant 20 minutes.

Blé

Le blé est la céréale universelle. Il a un contenu élevé en gluten et est donc bon pour faire du pain. Quand on achète de la farine de blé, s'assurer que le paquet indique « moulu à la meule », autrement il aura été traité différemment, la majeure partie de son contenu nutritif aura disparu et il rancira rapidement. Les farines doivent être utilisées rapidement une fois moulue pour éviter de rancir ou elles doivent être gardées au congélateur. Le blé tendre a une couleur dorée et le blé dur est brun ou rouge.

Utiliser 250 ml (1 tasse) de blé pour 750 ml (3 tasses) d'eau et cuire 2 heures.

Notes
*Céréale sans gluten.

Quelques conseils concernant les fèves

Voici quelques conseils pour cuire les fèves et éviter les flatulences.

- Rincer soigneusement les fèves. Enlever toutes celles qui sont dures ou décolorées. La plupart des fèves doivent tremper toute la nuit, puis être rincées deux fois avant d'être mises à cuire. Les lentilles n'ont pas besoin d'être mises à tremper.
- Combiner les fèves avec la quantité d'eau indiquée et porter à ébullition; écumer, réduire le feu et couvrir.
- Si on peut les écraser entre les doigts, les fèves sont cuites.
- Ne pas ajouter le sel de mer avant la fin de cuisson, sinon cela les durcira. Bien rincer les fèves après la cuisson. Ne pas oublier que les fèves sèches doublent leur volume en cuisant.
- Pour se débarrasser des flatulences, cuire les fèves avec un morceau de kombu (algue) lavé.
- On peut également ajouter de la sarriette des jardins, du cumin, des graines de carvi ou du fenouil à l'eau de cuisson, car ces herbes aident aussi à réduire les flatulences.

Différents types de légumes

Les légumes sont d'excellentes sources de fibres. L'introduction des légumes et des céréales dans l'alimentation crée un régime alimentaire plus varié, surtout si on doit éviter le bœuf, le poulet ou le porc ou tout simplement pour une alimentation plus végétarienne.

Légume (250 ml [1 tasse] mesure sèche)	Eau	Temps de cuisson	Donne
Haricots Aduki	1 l (4 tasses)	1 h	500 ml (2 tasses)
Haricots noirs	1 l (4 tasses)	1 h 30	500 ml (2 tasses)
Pois chiches	1 l (4 tasses)	3 h	500 ml (2 tasses)
Haricots Great Northern	875 ml (3 1/2 tasses)	2 h	500 ml (2 tasses)
Haricots rouges	750 ml (3 tasses)	1 h 30	500 ml (2 tasses)
Haricots de Lima	500 ml (2 tasses)	1 h 30	300 ml (1 1/4 tasse)
Haricots mungo	750 ml (3 tasses)	1 h	750 ml (3 tasses)
Haricots Pinto et petits haricots blancs	750 ml (3 tasses)	2 h	500 ml (2 tasses)
Soja	1 l (4 tasses)	3 h	500 ml (2 tasses)
Pois cassés	750 ml (3 tasses) (2 1/4 tasses)	45 min	550 ml
Lentilles	750 ml (3 tasses)	30 min	550 ml (2 1/4 tasses)

Combinaisons alimentaires de base

Combinaisons alimentaires de base

Les combinaisons alimentaires ne sont pas une idée nouvelle, mais avec le rythme effréné de la société d'aujourd'hui, il est parfois difficile de les mettre en application. L'idée essentielle est que l'on digère et absorbe mieux les aliments en combinant certains dans un repas, et pas d'autres. Chaque aliment a son propre taux de digestion et d'absorption. Les aliments sont décomposés en éléments uniques – protéines, glucides et graisses. Pour une digestion optimale, l'idéal serait de manger chaque aliment seul, mais comme nous les mélangeons pour créer de la variété, il est donc important de connaître ceux qui se mélangent bien entre eux.

Le principe des combinaisons alimentaires est que les aliments qui contiennent de l'amidon et ceux qui contiennent des protéines ne sont pas mangés au même repas. Donc pas de viande avec des pommes de terre, pas de riz avec du poisson, pas de pain avec du fromage.

Une combinaison alimentaire incorrecte fait peser un lourd fardeau sur le système digestif et peut fatiguer encore plus un corps souffrant de sensibilités alimentaires.

Les aliments se décomposent dans les différentes parties des intestins, il est donc important d'essayer de combiner ceux qui se décomposent au même endroit. Par exemple, si on mange des graines de tournesol qui se décomposent dans l'estomac, puis une orange immédiatement après, il se produira ce qui suit : l'orange sera retenu dans l'estomac avec les graines, elle commencera à fermenter et des gaz se produiront. L'orange commencera donc à « se décomposer » avant de pouvoir être absorbée par le système digestif.

Beaucoup de gens constateront qu'avec des combinaisons alimentaires correctes, ils ont moins de gaz, de brûlures d'estomac et de ballonnements après un repas. On constate également que l'on va à la selle plus facilement, ce qui permet de se débarrasser de quelques kilos superflus.

Une des règles de base des combinaisons alimentaires est de manger les fruits seuls. Ne pas manger des protéines avec des amidons; par contre, les légumes verts ne posent aucun problème avec les protéines ou les amidons.

Voir le tableau des combinaisons alimentaires à la page suivante.

N'oubliez pas que votre corps est votre meilleur juge. Le système digestif de certaines personnes peut gérer plus de choses que d'autres. Chaque personne est unique et a une constitution différente. Faites ce qu'il y a de mieux pour vous et ce qui vous fait vous sentir bien.

Combinaisons alimentaires correctes

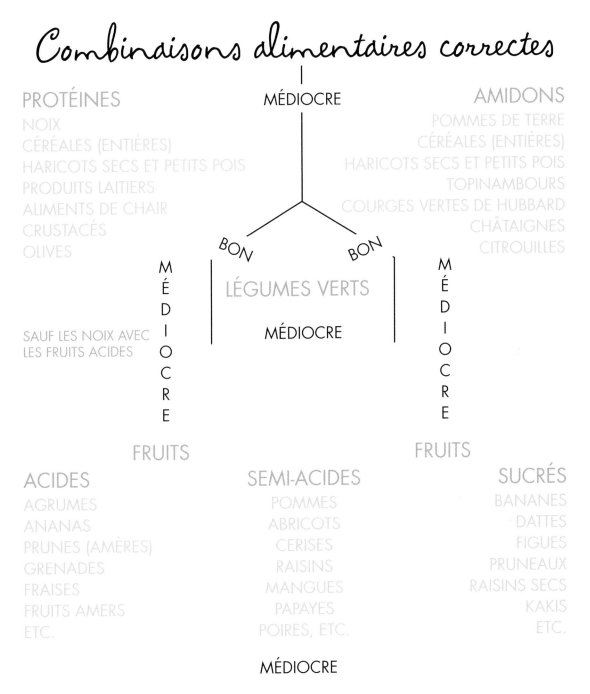

MÉDIOCRE

PROTÉINES

NOIX
CÉRÉALES (ENTIÈRES)
HARICOTS SECS ET PETITS POIS
PRODUITS LAITIERS
ALIMENTS DE CHAIR
CRUSTACÉS
OLIVES

SAUF LES NOIX AVEC
LES FRUITS ACIDES

AMIDONS

POMMES DE TERRE
CÉRÉALES (ENTIÈRES)
HARICOTS SECS ET PETITS POIS
TOPINAMBOURS
COURGES VERTES DE HUBBARD
CHÂTAIGNES
CITROUILLES

BON   BON

LÉGUMES VERTS

MÉDIOCRE

MÉDIOCRE

MÉDIOCRE

FRUITS   FRUITS

ACIDES

AGRUMES
ANANAS
PRUNES (AMÈRES)
GRENADES
FRAISES
FRUITS AMERS
ETC.

SEMI-ACIDES

POMMES
ABRICOTS
CERISES
RAISINS
MANGUES
PAPAYES
POIRES, ETC.

SUCRÉS

BANANES
DATTES
FIGUES
PRUNEAUX
RAISINS SECS
KAKIS
ETC.

MÉDIOCRE

AVOCAT – MEILLEUR AVEC UN FRUIT ACIDE OU SEMI-ACIDE
OU DES LÉGUMES VERTS

TOMATES – PEUVENT ÊTRE MANGÉES AVEC DES LÉGUMES SANS AMIDON
ET DES PROTÉINES

MELONS – LES MANGER SEULS OU LES OUBLIER

Conseils utiles du chef

Introduction

Les temps de cuisson sont approximatifs car il peut y avoir des variations de température selon le four. Préchauffer toujours le four à la température spécifiée avant d'y placer le plat.

Il est à noter que les recettes n'ont pas toutes été testées avec tous les substituts; donc, si la recette indique de la farine d'avoine, voir la section « Remarque » pour savoir quelle autre farine utiliser. Certaines farines dessécheront plus une recette que d'autres, de même que les différents substituts d'œufs. Chaque recette indique si elle est exempte de produits laitiers, de blé, de levure, de maïs, de sucre, d'œufs, de soja, de noix, de solanacées et de gluten. Quand je parle du sucre, je parle du sucre blanc raffiné. La recette peut encore contenir le sucre, mais elle sera sous forme de fruits, de sirop d'érable, de miel, de sirop de riz brun ou d'un succédané comme le stevia.

• Acheter des produits biologiques, si possible. L'utilisation des pesticides est effrénée en Amérique du Nord, et il vaut mieux éviter les produits des grandes surfaces à moins qu'ils soient biologiques.

• Acheter chez le viticulteur biologique local ou dans un magasin d'alimentation naturelle.

• Essayer d'utiliser de l'eau filtrée. Il vaut mieux éviter le chlore et les autres éléments indésirables qui se trouvent habituellement dans l'eau du robinet.

• Acheter des farines fraîchement moulues, si possible; les garder au réfrigérateur ou au congélateur.

• Toutes les noix, céréales et graines doivent être réfrigérées pour qu'elles ne rancissent pas.

• Faire tremper les fèves avant de les cuire et changer l'eau; cela aidera à éviter les flatulences. On peut également ajouter un morceau de kombu (algue) lavé pendant le trempage et la cuisson des légumes, ce qui aidera aussi à éliminer les enzymes gazeux qu'ils contiennent.

• Envelopper la pâte à biscuit non utilisée dans du papier ciré, du côté non ciré, et réfrigérer jusqu'au moment de la réutiliser.

• Le papier sulfurisé est idéal sur les plaques à cuisson car il empêche les biscuits de brûler et garde leur humidité pendant la cuisson. Il est sécuritaire et non toxique.

• Mettre des pois chiches cuits pour épaissir et ajouter des protéines à une sauce pour pâtes végétarienne; cela remplace la viande. On peut également essayer les PVT (protéines végétales texturées).

- Utiliser des betteraves cuites au lieu du sucre pour adoucir une sauce pour pâtes. Réduire les betteraves en purée avant de les ajouter à la sauce.

- L'eau de betterave est un colorant alimentaire naturel pour les gâteaux, glaçages et porridges.

- Utiliser une mijoteuse. On la met en route le soir, et le matin les céréales sont cuites et prêtes à manger. Commencer à préparer le dîner dès le matin – soupes de haricots ou chilis, ou même un rôti ou poulet à braiser.

- Moudre les graines, noix ou épices dans un moulin à café.

- Garder le gingembre frais, enveloppé, au congélateur. Il se conservera plus longtemps que dans le réfrigérateur car au bout d'une semaine, le gingembre frais a tendance à moisir. Le sortir simplement du congélateur et râper la quantité désirée.

- Si vous perdez du poids, mangez plus de noix et de graines. Les huiles contiennent deux fois plus de calories que les amidons et les protéines. Les avocats ont une graisse saine, et il est bon d'arroser les salades et les légumes cuits d'huile de lin. Manger des grignotines entre les repas, du genre mélange du randonneur ou des craquelins de riz recouverts d'une délicieuse tartinade d'avocat ou de pâte de haricots.

- Utiliser des huiles biologiques pressées à froid, si possible.

- À court d'idées de petit-déjeuner pour remplacer les produits laitiers, les œufs, le blé ou la levure? Essayer le poisson ou le riz. Manger ce qui est permis; pas la peine de se stresser parce qu'on n'a plus droit au bacon, aux œufs et aux rôties.

- Les fleurs comestibles sont délicieuses en salade; les faire pousser dans le jardin. S'assurer simplement que les voisins n'utilisent pas de pesticides car le vent les transporte souvent loin lorsqu'ils sont épandus.

- Utiliser seulement du sel de mer, si possible, car le sel de table est raffiné et contient parfois du sucre ajouté.

- Essayer l'huile de carthame ou de tournesol extraite par pression, non raffinée, dans la préparation des desserts à la place du beurre ou de la margarine.

- Acheter de l'extrait de vanille naturelle, si possible. Il existe de l'extrait de vanille (extraite en faisant bouillir la gousse de vanille) et de l'essence de vanille (extraite en faisant tremper la gousse dans de l'alcool et en ajoutant un colorant caramel).

- Essayer la crème glacée Tofutti ou les Tofutti Cuties; ce sont des crèmes glacées sans lait.

- La crème glacée Rice Dream est faite à partir de riz et ne contient pas de lait.

Et maintenant, place aux recettes !

Remarque

Selon l'Agence canadienne d'inspection des aliments et des médicaments, un aliment contenant de l'épeautre ou du kamut n'est pas considéré comme étant sans blé.

Petits-déjeuners et jus

Müesli ... 42

Porridge à la banane ... 44

Flan de riz au gingembre et aux bleuets ... 44

Granola à l'érable ... 46

Céréales chaudes ... 47

Crêpes de sarrasin aux bleuets ... 48

Crêpes d'épeautre ... 50

Crêpes de quinoa ... 50

Galettes Applejacks au millet ... 52

Délicieuses crêpes de tef ... 54

Tofu brouillé ... 54

Beurre de figue ... 56

Quinoa du matin ... 57

Gâteau du petit-déjeuner
à la compote de pommes ... 58

Muffins à la courge et aux canneberges ... 60

Jus de fruits et jus de légumes ... 62

Jus contre le candida ... 62

Jus pour augmenter le potassium ... 64

Jus de nettoyage ... 64

Jus riche en calcium ... 65

Autres idées ... 65

Jus

Müesli

Ne contient pas de produits laitiers, blé, levure, maïs, sucre, œufs et solanacées.
Sera sans soja si on utilise du lait de riz.

Donne 1 portion.

ingrédients

50 ml (1/4 tasse) de flocons d'avoine
50 ml (1/4 tasse) de son d'avoine
30 ml (2 c. à soupe) de raisins secs
15 ml (1 c. à soupe) de noix hachées

5 ml (1 c. à thé) de zeste de citron biologique, râpé
1 pomme biologique, râpée
Lait de soja, de riz ou de noix
Fruits de saison (bleuets, fraises, pêches, framboises)

- Mélanger les flocons d'avoine, le son, les raisins secs, les noix et le zeste de citron dans un mélangeur ou un robot culinaire.

- Transférer dans un bol, ajouter le lait et les fruits et déguster.

Remarque

On peut remplacer le son d'avoine par du germe de blé ou de maïs. On peut également remplacer les raisins secs par des dattes et ajouter de la noix de coco râpée au lieu des noix, ou une banane comme fruit.

Porridge
à la banane

Ne contient pas de produits laitiers, blé, levure, maïs, sucre, œufs, soja, noix et solanacées.

Donne 1 grosse portion.

ingrédients

75 ml (1/3 tasse) de flocons d'avoine
15 ml (1 c. à soupe) de graines de lin moulues
125 ml (1/2 tasse) de riz brun à grain court biologique, cuit
175 ml (3/4 tasse) de vinaigre de cidre ou de jus de pomme

50 ml (1/4 tasse) d'eau
1/2 banane écrasée
Poignée de bleuets (facultatif)

• Porter le vinaigre de cidre et l'eau à ébullition.
Incorporer les autres ingrédients, sauf les bleuets.

• Cuire à feu moyen 15 à 20 minutes ou jusqu'à cuisson complète.

• Recouvrir de bleuets.

• Servir chaud.

Flan de riz
au gingembre et aux bleuets

Ne contient pas de produits laitiers, blé, levure, maïs, sucre, œufs, soja, solanacées et gluten. Pour un flan sans noix, les supprimer de la recette.

Donne 500 ml (2 tasses).

ingrédients

500 ml (2 tasses) de riz brun à grain court biologique, cuit
Poignée de pacanes ou noix
Poignée de bleuets frais ou surgelés

Sirop d'érable au goût
2 ml (1/2 c. à thé) de gingembre frais, râpé
Eau

• Placer les noix dans une casserole en fonte et les faire griller à sec à feu moyen pendant quelques minutes. Remuer fréquemment pour qu'elles ne brûlent pas. Retirer du feu et réserver. On peut aussi mettre les noix sans les faire griller.

• Combiner le riz et l'eau dans une casserole à feu moyen et laisser mijoter 5 à 10 minutes, en remuant fréquemment pour obtenir une bouillie épaisse. Utiliser assez d'eau pour que le mélange soit gluant.

• Mettre le riz, les baies et les noix chaudes dans un bol. Servir chaud et savourer.

Photo : Flan de riz au gingembre et aux bleuets

Granola
à l'érable

Ne contient pas de produits laitiers, blé, levure, maïs, sucre, œufs, soja et solanacées.
Pour un muesli sans noix, ne pas mettre d'amandes.

Donne 1 l (4 tasses).

ingrédients

150 ml (2/3 tasse) de flocons d'avoine
150 ml (2/3 tasse) de son d'avoine
175 ml (3/4 tasse) de noix de coco râpée
125 ml (1/2 tasse) de graines de tournesol
50 ml (1/4 tasse) de graines de sésame

250 ml (1 tasse) d'amandes effilées
125 ml (1/2 tasse) d'huile de carthame
50 ml (1/4 tasse) de sirop d'érable
375 ml (1 1/2 tasse) de raisins ou de fruits secs
15 ml (1 c. à soupe) de graines de lin

- Mélanger tous les ingrédients dans un bol, sauf les fruits secs. On peut acheter les amandes déjà effilées ou entières puis les effiler au robot culinaire.

- Étaler sur une plaque à cuisson et cuire à 175 °C (350 °F) pendant 20 minutes ou jusqu'à ce que tout soit doré.

- Remuer de temps en temps. Sortir du four, ajouter des raisins ou des fruits secs et bien mélanger.

- Laisser refroidir; se conserve au réfrigérateur dans un bocal en verre.

Céréales
chaudes

Ne contient pas de produits laitiers, blé, levure, maïs, sucre, œufs, soja et solanacées. Sera sans gluten si on utilise du millet, du tef ou du sarrasin. Les noix sont facultatives.

Donne 2 portions.

ingrédients

125 ml (1/2 tasse) de céréales moulues telles qu'amarante, gruau d'avoine, gruau de sarrasin, seigle, millet ou tef
375 ml (1 1/2 tasse) d'eau, de vinaigre de cidre ou de jus de fruits

Poignée de raisins secs Thompson biologiques
Amandes, noix ou pacanes concassées
15 ml (1 c. à soupe) de graines de sésame ou de tournesol

- Porter l'eau ou le jus à ébullition avec les raisins secs, les graines et les noix, puis incorporer les céréales en remuant constamment.

- Laisser mijoter pendant 30 minutes ou jusqu'à l'obtention de la texture désirée, puis servir.

- Recouvrir de cannelle, d'huile de lin ou de compote de pommes.

Crêpes de sarrasin
aux bleuets

Ne contient pas de produits laitiers, blé, levure, maïs, sucre, œufs,
soja, noix, solanacées et gluten.

Donne 12 à 14 crêpes moyennes.

ingrédients

375 ml (1 1/2 tasse) de farine de sarrasin
125 ml (1/2 tasse) de farine d'arrow-root
7 ml (1 1/2 c. à thé) de bicarbonate de sodium
45 ml (3 c. à soupe) d'huile de carthame

15 ml (1 c. à soupe) de graines de lin moulues, fouettées
dans 45 ml (3 c. à soupe) d'eau
425 ml (1 3/4 tasse) de jus de pomme ou d'eau
5 ml (1 c. à thé) de cannelle
125 ml (1/2 tasse) de bleuets

- Mélanger tous les ingrédients dans un bol. La pâte doit être crémeuse sans être liquide.
- Verser la pâte dans une poêle chaude huilée et cuire à feu moyen jusqu'à l'apparition de bulles.
- Retourner et cuire jusqu'à ce qu'elles soient dorées.
- Servir avec du sirop d'érable.

Saviez-vous que...

J'utilise de l'huile de carthame dans mes
crêpes car elle est plus légère que l'huile
d'olive.

Crêpes d'épeautre

Ne contient pas de produits laitiers, blé, levure, maïs, sucre, œufs, noix et solanacées.
Sera sans soja si on utilise du lait de riz.

Donne 10 petites crêpes.

ingrédients

250 ml (1 tasse) de farine d'épeautre	Pincée de sel
15 ml (1 c. à soupe) de miel (facultatif)	250 ml (1 tasse) de lait de soja ou de riz
30 ml (2 c. à soupe) de levure chimique	30 ml (2 c. à soupe) d'huile de carthame

- Combiner la farine, la levure chimique et le sel dans un bol et bien mélanger.
- Incorporer le lait de soja, l'huile et le miel; fouetter jusqu'à obtenir une crème.
- Verser un peu de pâte dans une poêle chaude huilée.
- Retourner la crêpe à l'apparition de bulles et cuire pendant encore 2 minutes. Servir avec des fruits ou du sirop d'érable.

Saviez-vous que... l'épeautre contient des glucides particuliers (mucopolysaccharides) qui stimulent le système immunitaire? C'est aussi une excellente source de protéines.

Crêpes de quinoa

Ne contient pas de produits laitiers, blé, levure, maïs, sucre, œufs, soja,
noix, solanacées et gluten.

Donne 10 petites crêpes.

ingrédients

175 ml (3/4 tasse) de farine de quinoa	2 ml (1/2 c. à thé) de cannelle
50 ml (1/4 tasse) de farine de tapioca	1 ml (1/4 c. à thé) de noix muscade
5 ml (1 c. à thé) de bicarbonate de sodium	22 à 30 ml (1½ à 2 c. à soupe) d'huile de carthame
1 ml (1/4 c. à thé) de cristaux de vitamine C non tamponnée	250 ml (1 tasse) de jus de pomme

- Mélanger les ingrédients secs dans un bol. Ajouter les ingrédients humides pour obtenir une pâte lisse. Cuire les crêpes dans une poêle chaude et huilée jusqu'à ce qu'elles soient dorées.
- Compléter avec du sirop d'érable, du beurre de pomme ou des fruits.

Photo : Crêpes de quinoa

Galettes
Applejacks au millet

Ne contient pas de produits laitiers, blé, levure, maïs, sucre, soja, noix et solanacées.
Pour une recette sans œufs, utiliser des graines de lin.

Donne 4 galettes.

ingrédients

250 ml (1 tasse) de millet cuit	7 ml (1 1/2 c. à thé) de cannelle
1 pomme, coupée en dés	2 ml (1/2 c. à thé) de noix de muscade
50 ml (1/4 tasse) de flocons d'avoine	1 œuf ou mélange de graines de lin
(ou quinoa, orge, épeautre, kamut)	De l'eau, au besoin
75 ml (1/3 tasse) de farine d'avoine	Huile
(ou quinoa, orge, épeautre, kamut)	

- Mélanger tous les ingrédients. Façonner en petites galettes.
Le mélange doit être gluant, mais encore compact.

- Faire revenir les galettes dans un peu d'huile et les faire dorer des deux côtés.

- Cuire pendant 10 minutes à feu doux.

- Servir avec du beurre de pomme, du sirop d'érable ou nature.

Saviez-vous que...

le millet vendu comme nourriture pour les oiseaux n'a pas été décortiqué? À moins d'avoir un bec, acheter seulement du millet décortiqué pour la cuisine.

Délicieuses
crêpes de tef

Ne contient pas de produits laitiers, blé, levure, maïs, sucre, œufs,
soja, noix, solanacées et gluten.

Donne 8 à 10 crêpes.

ingrédients

250 ml (1 tasse) de farine de tef
5 ml (1 c. à thé) de levure chimique
5 ml (1 c. à thé) d'arrow-root
Pincée de sel de mer

15 ml (1 c. à soupe) d'huile de carthame
175 ml (3/4 tasse) de jus de pomme
2 ml (1/2 c. à thé) d'extrait de vanille pure

- Mélanger les ingrédients secs puis incorporer les ingrédients humides.

- Verser les crêpes sur une poêle chaude, bien huilée, et les retourner
quand elles commencent à faire des bulles.

- Servir avec du sirop d'érable ou nature. Si la pâte est trop épaisse,
ajouter un peu plus de jus de pomme

Remarque La pâte aura tendance à épaissir si on la laisse reposer. Il faudra ajouter alors
un peu de liquide.

Tofu brouillé

Ne contient pas de produits laitiers, blé, levure, maïs, sucre, œufs, noix et gluten.

Donne 4 portions.

ingrédients

1 paquet de tofu de 454 g, écrasé et séché
1/2 ml (1/8 c. à thé) de curcuma ou de paprika
5 ml (1 c. à thé) de poudre d'oignon

2 ml (1/2 c. à thé) de sel de mer
250 ml (1 tasse) aux choix de poivrons rouges, poivrons verts,
échalotes, oignons, tomates, finement hachés

- Émietter le tofu dans une poêle légèrement huilée et cuire à feu moyen pendant 3 minutes.

- Ajouter les autres ingrédients, bien remuer et cuire de 5 à 8 minutes
jusqu'à ce que les légumes soient cuits et le tofu, bien chaud.

Saviez-vous que... le tofu est composé de lait de soja caillé, un liquide riche en fer extrait des graines
de soja cuites et moulues? Il a un petit goût de noix, mais assez neutre, et a tendance
à prendre la saveur de l'aliment avec lequel il cuit.

Photo : Tofu brouillé

Beurre
de figue

Ne contient pas de produits laitiers, blé, levure, maïs, sucre, œufs,
soja, noix, solanacées et gluten.

Donne 375 ml (1 1/2 tasse).

ingrédients

375 ml (1 1/2 tasse) de figues sèches, hachées
250 ml (1 tasse) de jus de pomme

Pincée de cannelle
Jus et zeste râpé d'un citron

- Combiner tous les ingrédients dans une casserole.
- Couvrir et laisser mijoter jusqu'à ce que les figues soient molles, soit environ 45 minutes.
- Réduire en purée au robot culinaire. Délicieux comme tartinade sur du pain grillé.
- Conserver au réfrigérateur dans un bocal en verre.

Saviez-vous que...

les figues sont riches en glucides complexes, en minéraux essentiels comme le potassium, le fer et le calcium et sont aussi une bonne source de fibres végétales ? Une demi-tasse de figues apporte autant de calcium qu'une demi-tasse de lait, et comme elles n'ont pas de graisse, de cholestérol ou de sodium, elles font une excellente collation.

Quinoa
du matin

Ne contient pas de produits laitiers, blé, levure, maïs, sucre, œufs, soja, solanacées et gluten.

Donne 375 ml (1 1/2 tasse).

ingrédients

5 ml (1 c. à thé) d'huile de carthame
10 ml (2 c. à thé) de miel
125 ml (1/2 tasse) de quinoa

250 ml (1 tasse) de jus d'orange
Sel de mer au goût
Poignée de noix ou de graines, finement hachées et grillées

- Mélanger le jus d'orange, l'huile, le miel et le sel dans une casserole.
- Bien rincer le quinoa et le verser dans la casserole.
- Porter à ébullition et laisser mijoter pendant 20 minutes à couvert; mélanger à la fourchette, puis ajouter les noix ou des graines grillées ou des raisins secs.

Saviez-vous que...

le quinoa cuit en moitié moins de temps que le riz brun?

Gâteau du petit-déjeuner
à la compote de pommes

Ne contient pas de produits laitiers, blé, levure, maïs, sucre, œufs, soja et solanacées.

Donne 1 gâteau.

ingrédients

125 ml (1/2 tasse) de margarine ou d'huile
500 ml (2 tasses) de compote de pommes non sucrée
250 ml (1 tasse) de farine d'épautre
375 ml (1 1/2 tasse) de flocons de son d'avoine
Miel au goût
5 ml (1 c. à thé) de bicarbonate de sodium

7 ml (1 1/2 c. à thé) de cannelle
5 ml (1 c. à thé) de noix de muscade
1 ml (1/4 c. à thé) de clou de girofle moulu
250 ml (1 tasse) de raisins secs biologiques
250 ml (1 tasse) de noix hachées (noix de Grenoble ou pacanes)

- Faire chauffer la margarine et la compote de pommes à feu moyen dans une grande casserole jusqu'à ce que tout soit fondu, puis retirer du feu.

- Ajouter les autres ingrédients, remuer pour humidifier, puis verser la pâte dans un moule à gâteau graissé carré de 23 cm (9 po).

- Cuire au four à 175 °C (350 °F) pendant 30 minutes ou jusqu'à ce qu'un cure-dents inséré en son centre en ressorte propre.

Remarque

J'utilise de la farine d'épeautre dans cette recette, mais on peut aussi utiliser du riz brun, de l'orge, de l'avoine ou de la farine de kamut, selon les allergies.

Muffins à la courge
et aux canneberges

Donne 12 muffins.

ingrédients

550 ml (2 1/4 tasses) de farine d'épeautre ou 500 ml
(2 tasses) de farine de riz brun
50 ml (1/4 tasse) de sirop d'érable
5 ml (1 c. à thé) de cannelle
1 ml (1/4 c. à thé) de clou de girofle moulu
1 ml (1/4 c. à thé) de noix de muscade
10 ml (2 c. à thé) de levure chimique
5 ml (1 c. à thé) de bicarbonate de sodium

Sel de mer au goût
250 ml (1 tasse) de courge musquée cuite
Mélange à graines de lin moulues avec 45 à 60 ml (3 à 4 c. à soupe)
d'eau; fouetter ou passer au mélangeur (utilisées comme liant)
175 ml (3/4 tasse) d'huile de carthame
125 ml (1/2 tasse) de lait de riz à la vanille ou nature
175 ml (3/4 tasse) de canneberges

- Combiner la farine, les épices, la levure chimique, le bicarbonate de sodium et le sel dans un bol.

- Combiner la courge écrasée, les graines de lin, l'huile, le sirop d'érable et le lait de riz dans un autre bol.

- Bien mélanger et ajouter les ingrédients humides aux ingrédients secs. Mélanger, puis incorporer les canneberges.

- Verser dans des moules à muffins et cuire à 190 °C (375 °F) pendant 20 minutes.

Remarque

On peut utiliser n'importe quel type de courge, mais je préfère la musquée ou la Buttercup, car elles ont toutes les deux une délicieuse saveur sucrée.

Jus de fruits
et jus de légumes

Les fruits et les légumes frais sont essentiels au bon fonctionnement du corps. Beaucoup de fruits et de légumes peuvent aider à combattre certaines maladies. Les régimes de jus et de fruits crus favorisent l'élimination des déchets et des toxines qui se sont accumulés dans notre corps.

Il a été prouvé que les agrumes contenant de la vitamine C et des bioflavonoïdes renforcent le système immunitaire. Les fruits et les légumes de couleur orange ont des niveaux plus élevés en bêta-carotène, une substance anticancérigène qui aide à maintenir en santé le système nerveux central et nos globules rouges.

Les professionnels de la santé recommandent 4 à 5 portions de fruits et de légumes chaque jour pour une santé optimale. Les jus sont une bonne façon de répondre aux besoins quotidiens en fruits et légumes; acheter des produits biologiques, si possible. Faire un jus est très facile à l'aide d'une centrifugeuse, d'un mélangeur ou d'un robot culinaire.

Donne 1 portion.

Jus
contre le candida

ingrédients

Tranche de gingembre frais de 0,16 cm (1/4 po)
5 carottes, en tranches

1 pomme biologique, en tranches

• Placer tous les ingrédients dans la centrifugeuse et déguster.

Jus
pour augmenter le potassium

— ingrédients —

Botte de persil	4 carottes
Botte d'épinards	2 branches de céleri

- Pour augmenter l'immunité, ajouter 1 gousse d'ail à la recette.
- Placer tous les ingrédients dans la centrifugeuse et déguster.

Jus
de nettoyage

— ingrédients —

1 gousse d'ail	1 pomme biologique
1 betterave biologique	2 concombres biologiques
Feuilles de betterave biologique	

- Placer tous les ingrédients dans la centrifugeuse et déguster.

Jus
riche en calcium

ingrédients

3 feuilles de chou frisé	4 carottes
Botte de persil frais	1/2 pomme, sans pépins

- Placer tous les ingrédients dans la centrifugeuse et déguster.

Autres idées

Chou frisé, épinards et feuilles de navet – une bonne source de vitamine B6
Bette à carde rouge, navet, ail et radis – de bonnes sources de sélénium
Persil, feuilles de betterave, feuilles de pissenlit, brocoli – de bonnes sources de fer
Jus au melon – melon d'eau, cantaloup, orange et carottes
Jus de framboise – framboises, banane, menthe
Bleuet, poire et citron
Raisin, pomme et citron
Fraise, pomme et citron
Fraise et poire

soupes

et

Soupes
et potages

Bouillon de bœuf, de poulet ou de légumes ... 68

Soupe aux lentilles rouges et aux patates douces ... 70

Soupe de légumes au millet ... 72

Soupe aux panais ... 74

Soupe aux carottes ... 75

Soupe crémeuse au chou-fleur ... 76

Soupe au quinoa ... 76

Soupe aux poireaux et aux pommes de terre ... 78

Soupe aux pois cassés ... 80

Soupe aux légumes et à l'orge ... 82

Soupe aux épinards et aux poires ... 84

Crème de brocoli ... 86

Soupe de courgettes ... 88

Borsch ... 90

potages

Bouillon de bœuf,
de poulet ou de légumes

Demander au boucher quelques os à moelle.

Déposer les os dans une casserole, les couvrir d'eau et les faire bouillir environ 30 minutes. Ajouter des tranches d'oignon, de carottes, de céleri et du persil frais; ce sera un bouillon délicieux et plein de saveur.

Pour augmenter la saveur des os avant de les faire bouillir, les placer sur une plaque à cuisson et les faire dorer au four à 175 °C (350 °F) environ 15 minutes. Cela demande juste un peu de temps et d'énergie.

Réfrigérer le bouillon, puis dégraisser quand tout est refroidi. Jeter les os.

Pour faire un bouillon de poulet, prendre la carcasse du poulet cuit la veille et la faire bouillir dans une casserole avec de l'eau, un oignon et des branches de céleri. Verser ensuite le liquide dans un bol et réfrigérer. Dégraisser et jeter les os.

Pour un bouillon de légumes, faire bouillir un oignon, des pelures de carottes biologiques, des cœurs et des têtes de céleri, quelques tranches de bardane et tout autre légume sucré naturellement, si désiré dans une grande casserole remplie d'eau. Je garde des restes de légumes toute la semaine dans une boîte. Je conserve également leurs eaux de cuisson car ce sont de délicieux bouillons de légumes. Essayer de garder l'eau de cuisson des légumes dans un bocal en verre au réfrigérateur pour l'avoir sous la main au moment de faire la soupe.

Les recettes de soupes de ce livre peuvent toutes être faites avec de l'eau. Je voulais des recettes de soupes faciles et savoureuses pour que même les gens très occupés puissent faire leurs soupes maison.

Avant, j'évitais de faire des soupes parce que je n'avais pas l'énergie de faire le bouillon. Maintenant, je peux faire des soupes rapides et délicieuses sous la main pour mes déjeuners.

Ces recettes sont simples et, de plus, on peut les modifier et leur apporter toutes sortes de variantes. On peut mettre plus d'herbes et d'assaisonnement, si toléré, ou même les changer complètement. En ajoutant des lentilles ou des fèves, la soupe sera plus crémeuse et aura davantage l'air d'un ragoût ou d'une purée. À vous d'essayer.

Soupe aux lentilles rouges
et aux patates douces

Ne contient pas de produits laitiers, blé, levure, maïs, sucre, œufs, soja, noix, solanacées et gluten. J'adore cette recette, car elle est rapide et facile à faire et très savoureuse. J'ai également découvert, à l'époque où j'évitais certains aliments, que je pouvais tolérer tous ces ingrédients.

ingrédients

huile d'olive
250 ml (1 tasse) de lentilles rouges
1 à 1,25 l (4 à 5 tasses) d'eau
3 grosses carottes, tranchées

1 oignon moyen, coupé en dés ou 1 poireau, émincé
1 grosse patate douce, tranchées
5 ml (1 c. à thé) de sel de mer
5 ml (1 c. à thé) de cumin

- Laver les lentilles et jeter les corps étrangers. Les lentilles rouges organiques contiennent parfois des petits cailloux.

- Mettre l'oignon ou le poireau dans un faitout nappé d'huile et faire revenir pendant 5 minutes. Ajouter les patates douces, les carottes, le sel et le cumin et faire sauter quelques minutes. Ajouter les lentilles avec l'eau.

- Laisser mijoter à feu doux pendant 30 minutes, en remuant de temps en temps. Réduire la soupe en purée au robot culinaire ou au mélangeur à main. Il s'agit d'une soupe assez épaisse.

Remarque

Un mélangeur à main est un bon accessoire à avoir dans sa cuisine. J'utilise le mien tout le temps. On peut remplacer les patates douces par des pommes de terre blanches ou 250 ml (1 tasse) de riz sauvage. Avec ce type de riz, il faut mettre plus d'eau de cuisson. Je ne mets pas la soupe en purée si j'utilise du riz. On peut aussi remplacer le cumin par du gingembre frais râpé.

Soupe de légumes
au millet

Ne contient pas de produits laitiers, blé, levure, maïs, sucre, œufs, soja, noix, solanacées et gluten. Cette soupe est délicieuse. Le millet est riche en éléments nutritifs et facile à digérer.

Donne 3 litres (12 tasses).

ingrédients

Huile d'olive	250 ml (1 tasse) de persil frais, haché
250 ml (1 tasse) de millet	10 ml (2 c. à thé) de basilic
1 courge musquée, pelée et coupée en dés	5 ml (1 c. à thé) de graines de céleri
125 ml (1/2 tasse) de chou, haché	5 ml (1 c. à thé) de poivre
4 carottes, tranchées	5 à 10 ml (1 à 2 c. à thé) de sel de mer
1/2 navet, coupé en dés	3 feuilles de laurier
1 oignon rouge moyen, coupé en dés	1,5 à 1,75 l (6 à 7 tasses) d'eau
2 gousses d'ail, hachées	

- Couvrir le fond d'une grosse casserole d'huile d'olive et faire revenir les oignons à feu moyen-élevé. Laisser suer pendant 2 minutes.

- Ajouter le chou, les carottes, la courge, le navet, l'ail et un peu d'huile d'olive et remuer fréquemment. Les légumes doivent être sautés pendant quelques minutes afin de maximiser leur saveur.

- Ajouter le millet rincé (toujours rincer le millet pour enlever la poussière) et remuer 30 secondes.

- Ajouter l'eau et tous les assaisonnements; porter à ébullition, puis laisser mijoter pendant 30 minutes.

- Enlever les feuilles de laurier et déguster.

Saviez-vous que...

le millet n'a pas de gluten et que c'est la céréale idéale pour épaissir les soupes, les ragoûts et les daubes?

Soupe
aux panais

Ne contient pas de produits laitiers, blé, levure, maïs, sucre, œufs, soja, noix et gluten.
Donne 2 litres (8 tasses).

ingrédients

45 ml (3 c. à soupe) d'huile d'olive
625 ml (2 1/2 tasses) de panais, pelés et coupés en dés
La moitié d'une grosse courge musquée, pelée et coupée en dés
1 petit oignon, coupé en dés
2 grosses pommes de terre, pelées et coupées en dés
6 oignons verts, tranchés

3 branches de céleri, coupées en dés
2 gousses d'ail, hachées
5 ml (1 c. à thé) de sauge séchée
10 ml (2 c. à thé) de sel de mer
2 ml (1/2 c. à thé) de poivre
1 à 1,5 l (4 à 6 tasses) d'eau

• Faire revenir les oignons et l'ail à feu moyen-élevé dans un peu d'huile d'olive jusqu'à ce qu'ils soient transparents.

• Ajouter tous les légumes, sauf les oignons verts, et remuer constamment pendant 1 minute.

• Ajouter l'eau, la sauge, le sel et le poivre et laisser mijoter pendant environ 25 minutes.

• Ajouter les oignons verts et laisser reposer quelques minutes.

• Mélanger ou réduire en purée.

Saviez-vous que...

les Européens ont introduit le panais aux États-Unis au début du XVIIe siècle? Le panais a une délicieuse saveur sucrée et contient de la vitamine C et du fer.

Soupe
aux carottes

Ne contient pas de produits laitiers, blé, levure, maïs, sucre, œufs, soja, noix, solanacées et gluten.

Donne 1 l (4 tasses).

ingrédients

45 ml (3 c. à soupe) d'huile d'olive
1 l (4 tasses) de carottes, tranchés
1 oignon moyen, haché
10 ml (2 c. à thé) de gingembre frais, râpé (plus si désiré)
1 l (4 tasses) d'eau ou de bouillon de légumes

1 ml (1/4 c. à thé) de thym (facultatif)
Botte de persil frais, haché
1 bouquet d'oignons verts (4, hachés)
Sel de mer et poivre au goût

- Faire revenir l'oignon dans l'huile d'olive pendant 2 minutes à feu moyen; ne pas dorer. Le laisser suer et devenir transparent. Ajouter les carottes et le gingembre et un peu plus d'huile d'olive. Remuer fréquemment pendant 1 minute. Ajouter le bouillon de légumes ou l'eau et porter à ébullition.

- Ajouter le sel, le poivre et le thym et laisser mijoter doucement pendant 20 minutes ou jusqu'à ce que les carottes soient tendres.

- Réduire la soupe en purée au mixeur ou au robot culinaire. Garnir de persil ou d'oignons verts, si désiré.

Remarque

Une râpe à gingembre est un bon accessoire à avoir dans sa cuisine. La mienne est en céramique et a une forme d'ananas. Elle a des bosses tout autour et il suffit de frotter le gingembre frais dessus, et voilà du gingembre râpé ! On peut aussi acheter une petite râpe en acier. À avoir absolument si on aime le gingembre frais.

Soupe crémeuse du chou-fleur

Ne contient pas de produits laitiers, blé, levure, maïs, sucre, œufs, soja, noix, solanacées et gluten.

Donne 2 litres (8 tasses).

ingrédients

45 ml (3 c. à soupe) d'huile d'olive	5 ml (1 c. à thé) de sel de mer
1 oignon moyen, haché	2 ml (1/2 c. à thé) de poivre
3 gousses d'ail, hachées	2 ml (1/2 c. à thé) de thym séché
3 branches de céleri, hachées	5 ml (1 c. à thé) de basilic
1 chou-fleur moyen, coupé en petits morceaux	1 ml (1/4 c. à thé) de moutarde sèche
125 ml (1/2 tasse) de millet ou de quinoa, rincé	2 feuilles de laurier
1 l (4 tasses) d'eau ou bouillon de légumes	Botte de persil ou d'épinards frais, hachés

• Faire revenir l'oignon dans un peu d'huile d'olive pendant environ 2 minutes. Le faire suer pour qu'il devienne transparent.

• Ajouter le chou-fleur, le céleri, l'ail et encore un peu d'huile d'olive, au besoin. Cuire les légumes à feu moyen-élevé environ 3 minutes. Remuer souvent; les légumes doivent suer. Ajouter ensuite le millet ou le quinoa et remuer pendant 30 secondes. Ajouter suffisamment d'eau ou de bouillon pour bien couvrir tous les légumes et le millet et porter à ébullition.

• Ajouter l'assaisonnement, baisser le feu et laisser mijoter de 20 à 25 minutes, jusqu'à ce que le chou-fleur soit cuit. Ajouter le persil ou les épinards et passer le tout au mixeur jusqu'à l'obtention d'un mélange homogène.

Saviez-vous que...

selon Mark Twain, « le chou-fleur n'est autre qu'un chou avec de l'éducation »? C'est un légume crucifère riche en vitamine C.

Soupe au quinoa

Ne contient pas de produits laitiers, blé, levure, maïs, sucre, œufs, soja, noix, solanacées et gluten.

Donne 1,25 litre (5 tasses).

ingrédients

45 ml (3 c. à soupe) d'huile d'olive	2 branches de céleri, hachées
125 ml (1/2 tasse) de quinoa, rincé	1/2 sac d'épinards, hachés (facultatif)
1 l (4 tasses) d'eau	2 petites gousses d'ail, hachées
1/2 petit oignon, haché	Sel de mer et poivre au goût
3 carottes, hachées	Botte de persil frais, haché

• Faire revenir l'oignon, les carottes et l'ail dans un peu d'huile d'olive.

• Ajouter l'eau, le quinoa et le persil.

• Porter à ébullition puis laisser mijoter pendant 20 minutes.

Photo : Soupe crémeuse au chou-fleur

Soupe aux poireaux
et aux pommes de terre

Ne contient pas de produits laitiers, blé, levure, maïs, sucre, œufs, soja, noix et gluten.

Donne 2,25 litres (9 tasses).

ingrédients

45 ml (3 c. à soupe) d'huile d'olive
4 poireaux, bien lavés et tranchés
7 à 8 pommes de terre moyennes, pelées et coupées en dés

1,75 à 2 l (7 à 8 tasses) d'eau ou de bouillon de légumes
Sel de mer et poivre au goût
Persil, ciboulette ou cresson en garniture

- Faire revenir les poireaux et les pommes de terre très doucement dans un peu d'huile d'olive à feu moyen pendant 3 minutes en remuant souvent. Ajouter l'eau ou le bouillon de légumes et laisser mijoter pendant 25 minutes, jusqu'à ce que les pommes de terre soient tendres.

- Ajouter une poignée de persil, réduire la soupe en purée à l'aide d'un mixeur et servir.

Ajouter sel, poivre et toute autre herbe tolérée, au goût.

J'adore saupoudrer ma soupe de ciboulette fraîche.

Saviez-vous que...

le poireau est lié à l'ail et à l'oignon, même
si sa saveur est plus sucrée et plus subtile ?
En achetant des poireaux, choisir ceux dont
les feuilles sont craquantes et bien vertes.

Soupe
aux pois cassés

Ne contient pas de produits laitiers, blé, levure, maïs, sucre, œufs, soja, noix, solanacées et gluten. Le paprika fait partie de la famille des solanacées; à omettre si on doit les éviter.

Donne 2 litres (8 tasses).

ingrédients

60 ml (4 c. à soupe) d'huile d'olive	5 ml (1 c. à thé) de moutarde sèche
500 ml (2 tasses) de pois cassés, bien rincés et égouttés	7 ml (1 1/2 c. à thé) de sel de mer
4 carottes, pelées et coupées en dés	5 ml (1 c. à thé) de poivre
4 branches de céleri, tranchées	2 gousses d'ail, hachées
125 ml (1/2 tasse) de navet, coupé en dés ou	5 ml (1 c. à thé) de gingembre frais, râpé
125 ml (1/2 tasse) de courge cuite	5 ml (1 c. à thé) de paprika (facultatif)
7 ml (1 1/2 c. à thé) de thym	1,25 l (5 tasses) d'eau
7 ml (1 1/2 c. à thé) de basilic	Botte de persil frais, haché
1 oignon moyen, émincé	

• Faire revenir l'oignon dans un peu d'huile d'olive environ 3 minutes.

• Ajouter les pois cassés et remuer fréquemment encore 4 minutes.
Cela permettra d'exprimer la saveur des pois cassés. Ajouter l'eau, 2 ml (1/2 c. à thé) de thym, 2 ml (1/2 c. à thé) de basilic et du persil frais.

• Couvrir les pois cassés et les laisser mijoter à feu doux pendant 35 minutes.

• Ajouter le céleri, les carottes, le navet, le reste du basilic et du thym, la moutarde sèche, le sel de mer, le poivre, l'ail écrasé, le gingembre râpé et le paprika et laisser mijoter, couvert, pendant encore 20 minutes.

• Réduire la soupe en purée au mixeur, si désiré.
C'est une soupe épaisse et délicieuse.

On peut aussi ajouter du riz sauvage cuit
à la fin de la cuisson.

Soupe aux légumes
et à l'orge

Ne contient pas de produits laitiers, blé, levure, maïs, sucre, œufs, soja et noix.
Donne 2,5 litres (10 tasses).

ingrédients

45 ml (3 c. à soupe) d'huile d'olive
1 oignon moyen, haché
175 ml (3/4 tasse) d'orge perlé
2,25 l (9 tasses) d'eau ou de bouillon de légumes
2 feuilles de laurier
4 grosses pommes de terre, coupées en dés

5 carottes, pelées, coupées en dés
250 ml (1 tasse) de haricots verts surgelés
1/2 navet, pelé, coupé en dés
50 ml (1/4 tasse) de persil frais, haché
Sel de mer et poivre au goût

• Faire fondre l'oignon dans un peu d'huile d'olive.

• Ajouter l'orge et cuire pendant 1 minute en remuant fréquemment.

• Ajouter l'eau, les feuilles de laurier et le poivre et porter à ébullition.

• Réduire le feu et laisser mijoter pendant 1 heure.

• Ajouter ensuite les pommes de terre, les carottes, le navet et le sel; porter à nouveau à ébullition, puis laisser mijoter à feu doux pendant 30 minutes. Remuer de temps en temps.

• Ajouter les haricots verts aux 5 dernières minutes de cuisson.

• Jeter les feuilles de laurier, ajouter le persil et servir.

C'est une soupe épaisse et délicieuse.

Saviez-vous que...

l'orge remonte à l'Âge de pierre et a été
utilisée dans de nombreux plats, des céréales
aux pains et aux soupes, un des plus connus
étant le Scotch Broth?

Soupe aux épinards
et aux poires

Ne contient pas de produits laitiers, blé, levure, maïs, sucre, œufs, soja, noix, solanacées et gluten.

Donne 2 litres (8 tasses).

ingrédients

45 ml (3 c. à soupe) d'huile d'olive
250 ml (1 tasse) de riz à sushi ou de riz blanc à grain long
1 oignon moyen, coupé en dés
4 feuilles de laurier
5 ml (1 c. à thé) de cumin
3 grosses carottes, pelées, tranchées
2 poires, dénoyautées et coupées en petits morceaux

2 gousses d'ail, hachées
1 grosse botte d'épinards ou une boîte d'épinards, lavés et hachés
1 à 1,25 l (4 à 5 tasses) d'eau
250 ml (1 tasse) de jus de pomme ou d'eau (facultatif)
Deux traits d'huile de sésame grillée (facultatif)
Sel de mer et poivre au goût

- Faire revenir l'oignon dans un peu d'huile d'olive pendant quelques minutes. Ajouter les carottes et faire revenir encore quelques minutes.

- Ajouter le riz et remuer 1 minute, puis mettre les poires, l'ail, les épices, les feuilles de laurier, l'eau et le jus de pomme.

- Couvrir et laisser mijoter pendant 15 minutes ou jusqu'à ce que le riz soit cuit. Enlever les feuilles de laurier et incorporer les épinards. Ajouter du jus de pomme ou plus d'eau, si nécessaire. À ce point, ajouter deux traits d'huile de sésame grillée pour donner une saveur spéciale à la soupe.

- Laisser mijoter pendant encore 3 minutes, puis réduire la soupe en purée au mixeur.

Saviez-vous que...

les épinards sont riches en fer et en vitamines A et C et que c'est l'acide oxalique qu'ils contiennent qui leur donne ce goût légèrement amer ?

Crème
de brocoli

Ne contient pas de produits laitiers, blé, levure, maïs, sucre, œufs, soja, noix, solanacées et gluten.

Donne 2,25 l (9 tasses).

ingrédients

45 ml (3 c. à soupe) d'huile d'olive
1 brocoli, coupé en petits morceaux, tiges incluses
1 oignon moyen, haché
1,5 à 1,75 l (6 à 7 tasses) d'eau
5 ml (1 c. à thé) de sel de mer
2 ml (1/2 c. à thé) de poivre

2 gousses d'ail, hachées
3 branches de céleri, hachées
125 ml (1/2 tasse) de millet, lavé
250 ml (1 tasse) de lait de riz
5 ml (1 c. à thé) de sel aux herbes biologique
Botte de persil frais, haché

• Couvrir le fond d'une grande casserole d'un peu d'huile d'olive. Faire revenir l'oignon à feu moyen-vif jusqu'à ce qu'il soit transparent, environ 2 minutes. Ajouter ensuite l'ail et tous les légumes, sauf le persil, et remuer constamment pendant 2 minutes.

• Ajouter le millet et remuer une autre minute. Attention de ne pas le laisser coller ou brûler.

• Ajouter l'eau, le sel, le poivre et le sel aux herbes. Porter à ébullition, puis laisser mijoter pendant au moins 25 minutes, jusqu'à ce que le millet soit cuit.

• Éteindre le feu et ajouter le persil haché et le lait de riz; mélanger au mélangeur à main. Une fois le potage prêt à être servi, ajouter du jus de citron frais pressé pour en relever la saveur.

Remarque

Ne pas oublier de laver le millet avant de le cuire. On peut ajouter n'importe quel assaisonnement à ce potage. J'achète du sel aux herbes biologique qui va très bien dans cette recette. C'est un mélange de minéraux, sel, carottes, persil, céleri, basilic, aneth, poireaux et oignons. On le trouve dans tous les magasins d'alimentation naturelle.

Soupe
de courgettes

Ne contient pas de produits laitiers, blé, levure, maïs, sucre, œufs, soja, noix, solanacées et gluten.

Donne 2 litres (8 tasses).

ingrédients

Huile d'olive	5 ml (1 c. à thé) d'origan
1,5 l (6 tasses) de courgettes, non pelées, coupées en dés	5 ml (1 c. à thé) de sel de mer
(environ 3 grosses courgettes)	2 ml (1/2 c. à thé) de poivre
1 oignon moyen, coupé en dés	1 boîte de haricots – ronds blancs, lima ou Northern
2 gousses d'ail, hachées	(398 ml/14 oz) rincés et égouttés
750 ml à 1 l (3 à 4 tasses) d'eau ou de bouillon de légumes	Botte de persil ou cresson pour garniture (facultatif)
5 ml (1 c. à thé) de basilic	

• Chauffer l'huile dans une casserole, ajouter l'oignon et faire cuire jusqu'à ce qu'il soit tendre, environ 2 minutes.

• Ajouter les courgettes et l'ail et cuire en remuant fréquemment pendant 2 minutes. Ajouter le bouillon de légumes ou l'eau, le basilic, l'origan, le sel et le poivre et laisser mijoter pendant 15 minutes jusqu'à ce que les courgettes soient ramollies.

• Ajouter les haricots et le persil et réduire la soupe en purée au mélangeur à main.

• Servir chaud ou froid.

Saviez-vous que...
la courgette est en fait un pâtisson ?

Borsch

Ne contient pas de produits laitiers, blé, levure, maïs, sucre, œufs,
soja, noix, solanacées et gluten.

Donne 3 litres (12 tasses).

ingrédients

1 à 2 bottes de betteraves, pelées et hachées
1 à 2 bouquets de feuilles de betteraves, hachées
1 botte d'oignons verts, hachés
3 carottes, pelées, coupées en dés
125 ml (1/2 tasse) de chou vert ou rouge, râpé
3 branches de céleri, coupées en dés
30 ml (2 c. à soupe) de jus de citron

1 gousse d'ail, hachée
45 ml (3 c. à soupe) de persil frais, finement haché
Botte d'aneth frais, finement haché
2,75 à 3 l (11 à 12 tasses) d'eau ou de bouillon de légumes
1 courgette, coupée en dés (facultatif)
1 ou 2 radis, tranchés (facultatif)
Sel de mer au goût

• Porter l'eau ou le bouillon à ébullition et ajouter les betteraves et leurs feuilles;
faire bouillir quelques minutes.

• Ajouter le reste des ingrédients, sauf le persil, l'aneth et les radis et laisser mijoter
pendant 40 minutes jusqu'à ce que les légumes soient cuits.
Ajouter l'aneth, le persil, les radis et un peu de jus de citron à la fin
et passer le tout au mélangeur.

J'aime mon borsch car celui que je déguste dans les restaurants est toujours trop vinaigré.
Avec juste un peu de jus de citron, on obtient une soupe délicieuse
au goût d'herbes au lieu de vinaigre.

Remarque

Servie chaude, cette soupe est délicieuse
avec une courgette coupée en dés; et servie
froide, un ou deux radis sont exquis.

Salades

Salades et vinaigrettes

Salade de patates douces ... 94

Salade de fruits ... 96

Salade Waldorf ... 98

Salade de pommes de terre ... 100

Salade de chou à l'ancienne ... 101

Salade de nouilles de sarrasin ... 102

Salade d'asperges et de crevettes ... 104

Salade de riz ... 105

Salade de lentilles avec concombre et fenouil ... 106

Salade de riz, lentilles et olives ... 108

Salade César ... 110

Salade de haricots mungo ... 112

Salade de chou-fleur et de brocoli ... 114

Vinaigrette aux graines de tournesol ... 116

Sauce César sans produits laitiers ... 118

Vinaigrette au basilic et au poivron rouge ... 118

Vinaigrette crémeuse au concombre ... 119

Pesto ... 119

Vinaigrette aux herbes préférée ... 120

Vinaigrette française ... 121

Vinaigrette italienne ... 122

Soyannaise ... 124

Farce aux légumes ... 126

Marinade pour bœuf ... 127

Marinade pour agneau ... 128

Marinade pour poulet ... 128

Salsa pour poulet ... 130

Sauce thaï ... 130

Salade
de patates douces

Ne contient pas de produits laitiers, blé, levure, maïs, sucre, œufs, soja, noix, solanacées et gluten.

Donne 1,125 litre (4 1/2 tasses).

ingrédients

4 patates douces, pelées et coupées en dés
30 ml (2 c. à soupe) d'huile d'olive ou de jus de pomme
45 ml (3 c. à soupe) de jus de citron
1 gousse d'ail, hachée

15 ml (1 c. à soupe) de persil, haché
15 ml (1 c. à soupe) de basilic, haché
15 ml (1 c. à soupe) de ciboulette, hachée
1 oignon vert, haché

- Faire cuire les patates douces jusqu'à ce qu'elles soient tendres mais pas en compote. Laisser refroidir et mettre dans un bol.

- Ajouter tous les ingrédients, mélanger et déguster.

Salade
de fruits

Ne contient pas de produits laitiers, blé, levure, maïs, sucre, œufs,
soja, noix, solanacées et gluten.

Donne 1 portion.

ingrédients

1 cantaloup	1 banane
1 melon honeydew	Autres fruits de saison
1 pastèque	

- Prendre une cuillère parisienne (ou tire-boules, un bon accessoire à avoir dans la cuisine), lever des boules dans le cantaloup, le melon honeydew et la pastèque. Ajouter d'autres fruits de saison, au goût, comme des fraises, des bananes, des raisins, de l'ananas, des pêches, des bleuets ou des nectarines.

- Laisser reposer au réfrigérateur au moins 2 heures afin que le jus prenne bien la saveur des fruits.

- Servir froid.

Salade
Waldorf

Ne contient pas de produits laitiers, blé, levure, maïs, sucre, œufs et gluten.

Donne 2,5 litres (10 tasses) ou 6 à 8 portions.

ingrédients

1 à 2 bottes d'épinards frais, lavés et déchiquetés
Jus d'un demi-citron
500 ml (2 tasses) de riz brun à grain long, cuit et refroidi
75 ml (1/3 tasse) de raisins secs
250 ml (1 tasse) de germes de soja ou de lentilles

3 branches de céleri, hachées
1 poivron rouge ou vert, haché
50 ml (1/4 tasse) de persil frais, finement haché
50 ml (1/4 tasse) d'oignons verts, hachés
250 ml (1 tasse) de noix, de noix de cajou ou d'amandes

Vinaigrette

50 ml (1/4 tasse) de tamari sans blé
125 ml (1/2 tasse) d'huile d'olive

1 à 2 gousses d'ail, hachées

- Mettre les épinards dans un grand bol.
- Ajouter tous les autres ingrédients et presser le jus d'un demi-citron sur le mélange.
- Mélanger les ingrédients de la vinaigrette.
- Verser sur le mélange de légumes.
- Couvrir et laisser mariner 1 heure avant de servir.

Note

Faites cuire le riz la veille.

Salade
de pommes de terre

Ne contient pas de produits laitiers, blé, levure, maïs, sucre, œufs, noix et gluten.
Donne 1,25 litre (5 tasses).

ingrédients

5 pommes de terre moyennes	Botte de ciboulette fraîche
1 gros concombre, coupé en dés	Sel de mer au goût
Mayonnaise au soja	

• Couper les pommes de terre en deux et les faire bouillir 20 minutes ou jusqu'à ce qu'elles soient juste tendres. Ne pas trop les cuire.

• Couper les pommes de terre en dés et les déposer dans un bol. Ajouter les dés de concombre et la ciboulette hachée et mélanger avec la mayonnaise. Réfrigérer et servir froid.

Les pommes de terre rouges ont un goût délicieux. Essayez-les.

Salade
de chou à l'ancienne

Ne contient pas de produits laitiers, blé, levure, maïs, sucre, œufs, noix, solanacées et gluten.

Donne 750 ml (3 tasses).

ingrédients

1/2 chou, râpé	Mayonnaise au soja ou autre bien tolérée
3 à 4 carottes, râpées	Sel de mer au goût

- Râper le chou et les carottes au robot culinaire. Le mélange doit être moitié chou, moitié carottes. On peut aussi mettre un poivron vert ou un oignon Vidalia.

- Ajouter la mayonnaise, saler et poivrer au goût, remuer et servir froid.

Salade
de nouilles de sarrasin

Ne contient pas de produits laitiers, blé, levure, maïs, sucre, œufs, soja, noix et gluten.

Donne 1 litre (4 tasses).

ingrédients

1 poivron rouge
Paquet de nouilles de sarrasin soba, 250 g (nouilles sans blé)

500 ml (2 tasses) de brocoli, coupé en petits morceaux
Feuilles de laitue pour la décoration

Vinaigrette aux herbes

45 ml (3 c. à soupe) d'huile d'olive
30 ml (2 c. à soupe) d'huile de sésame
5 ml (1 c. à thé) de gingembre frais, râpé
2 gousses d'ail, hachées

15 ml (1 c. à soupe) de persil frais, haché
15 ml (1 c. à soupe) de chacun : basilic, estragon,
ciboulette et thym, hachés
Sel de mer et poivre au goût

• Couper le poivron rouge en deux. Retirer les graines. Le faire rôtir au barbecue ou au four jusqu'à ce qu'il soit tendre et que la peau soit noircie.

• Mettre le poivron rôti dans un sac en papier, le fermer et réserver 10 minutes. On peut aussi simplement couvrir le poivron d'un linge pour empêcher la vapeur de s'échapper. La peau s'enlèvera facilement. Peler et couper le poivron en lanières.

• Cuire les nouilles dans une grande casserole d'eau bouillante jusqu'à ce qu'elles soient tendres mais fermes, soit environ 10 minutes; égoutter et rincer à l'eau froide.

• Blanchir le brocoli à l'eau bouillante pendant 2 minutes; égoutter et rincer à l'eau froide.

• Combiner les ingrédients de la vinaigrette dans un bol. Mêler ensuite les nouilles refroidies, le brocoli et les lanières de poivron rouge et ajouter la vinaigrette. Servir sur des feuilles de laitue.

Remarque

On trouve des nouilles de sarrasin dans les magasins d'alimentation naturelle ou de produits indiens ou asiatiques.

Salade
d'asperges et de crevettes

Ne contient pas de produits laitiers, blé, levure, maïs, sucre, œufs, soja, noix, solanacées et gluten.

Donne 2 portions.

ingrédients

1 botte d'asperges
1 douzaine de crevettes, décortiquées et déveinées
8 feuilles de laitue
75 ml (5 c. à soupe) d'huile d'olive

30 ml (2 c. à soupe) de jus de citron
15 ml (1 c. à soupe) d'oignons verts, hachés finement
Sel de mer et poivre au goût

• Cuire les asperges jusqu'à ce qu'elles soient tendres, puis les rincer à l'eau glacée pour stopper la cuisson.

• On peut acheter des crevettes précuites pour aller plus vite ou des crevettes non cuites et les jeter simplement dans l'eau bouillante quelques minutes jusqu'à ce qu'elles soient roses.

• Rincer les crevettes à l'eau froide et les déposer sur les feuilles de laitue; ajouter les asperges.

• Combiner l'huile d'olive, le jus de citron, les oignons verts, le sel et le poivre et fouetter pour épaissir. Verser sur les crevettes et servir.

Salade
de riz

Ne contient pas de produits laitiers, blé, levure, maïs, sucre, œufs, soja, noix et gluten.

Donne 1 litre (4 tasses).

ingrédients

750 ml (3 tasses) de riz, cuit
175 ml (3/4 tasse) de pois, cuits
50 ml (1/4 tasse) de poivron vert, coupé en dés

30 ml (2 c. à soupe) de persil frais, haché
30 ml (2 c. à soupe) d'oignons verts ou de ciboulette, hachés
Aneth frais au goût

• Mélanger tous les ingrédients et réfrigérer.

Le riz basmati a sa saveur et convient bien à cette recette délicieuse.
Très bonne salade d'été.

Saviez-vous que...

le riz était déjà cultivé 5000 ans avant J.-C.?
Des explorations archéologiques en Chine
ont permis de découvrir des jarres de riz
scellées datant de plus de 8000 ans.

Salade de lentilles
avec concombre et fenouil

Ne contient pas de produits laitiers, blé, levure, maïs, sucre, œufs, soja, noix, solanacées et gluten.

Donne 1,25 litre (5 tasses).

ingrédients

250 ml (1 tasse) de lentilles brunes
125 ml (1/2 tasse) d'oignons verts, coupés
1 carotte, coupée en rondelles
50 à 125 ml (1/4 à 1/2 tasse) de fenouil, haché
5 ml (1 c. à thé) de cumin
30 ml (2 c. à soupe) d'eau

50 ml (1/4 tasse) de persil frais, haché
250 ml (1 tasse) de concombre, coupé en dés
30 ml (2 c. à soupe) de vinaigre de vin blanc ou de jus de citron
5 à 10 ml (1 à 2 c. à thé) d'huile d'olive
Sel de mer et poivre au goût

- Dans une grande casserole, recouvrir d'eau les lentilles; porter à ébullition et laisser mijoter pendant 20 minutes ou jusqu'à ce qu'elles soient tendres. Égoutter et réserver.

- Cuire les oignons verts, la carotte, le fenouil et le cumin dans 30 ml (2 c. à soupe) d'eau. Couvrir et laisser mijoter pendant 5 minutes. Réserver.

- Combiner les lentilles, le mélange à la carotte, le persil et le concombre dans un grand saladier. Arroser d'huile d'olive et de jus de citron; saler et poivrer et mélanger.

Saviez-vous que...

le fenouil est souvent comparé à l'anis? Du coup, ceux qui n'aiment pas la réglisse l'évitent. Mais la saveur du fenouil est plus légère que celle de l'anis et il est encore plus sucré une fois cuit.

Salade de riz,
lentilles et olives

Ne contient pas de produits laitiers, blé, levure, maïs, sucre, œufs,
soja, noix, solanacées et gluten.

ingrédients

250 ml (1 tasse) de riz basmati
2 gousses d'ail, hachées
250 ml (1 tasse) de lentilles brunes sèches
1/2 oignon

2 feuilles de laurier
250 ml (1 tasse) d'olives vertes farcies au piment, en tranches
2 ml (1/2 c. à thé) de sel de mer
1 ml (1/4 c. à thé) de poivre

Vinaigrette

45 ml (3 c. à soupe) d'huile d'olive
30 ml (2 c. à soupe) de jus de citron
15 ml (1 c. à soupe) de moutarde de Dijon ou
d'une autre moutarde jaune

5 ml (1 c. à thé) de thym séché
Poivre au goût
4 oignons verts, en rondelles

• Porter 500 ml (2 tasses) d'eau à ébullition. Ajouter le riz, l'ail, le sel et le poivre, reporter à ébullition et couvrir. Réduire le feu au minimum et laisser mijoter pendant 20 minutes, jusqu'à ce que l'eau soit absorbée et que le riz soit tendre.

• Laisser reposer le riz 10 minutes dans la casserole, le faire gonfler à l'aide d'une fourchette, puis le transférer dans un bol et le réfrigérer.

• Trier et laver les lentilles. Porter 1 l (4 tasses) d'eau à ébullition avec l'oignon et les feuilles de laurier, puis ajouter les lentilles.

• Reporter à ébullition, puis réduire le feu au minimum et laisser mijoter pendant 20 minutes jusqu'à ce que les lentilles soient tendres et non en purée.

• Égoutter les lentilles; jeter les feuilles de laurier et l'oignon. Laisser refroidir. Battre les ingrédients de la vinaigrette.

• Combiner les lentilles, le riz, la vinaigrette et les olives.

• Réfrigérer quelques heures ou toute la nuit pour que les saveurs se mélangent. On peut préparer ce plat la veille et le servir le lendemain.

Salade
César

Ne contient pas de produits laitiers, blé, levure, maïs, sucre, œufs, noix, solanacées et gluten.
Donne 750 ml (3 tasses).

ingrédients

1 salade romaine

Vinaigrette

45 ml (3 c. à soupe) d'huile d'olive
30 ml (2 c. à soupe) de jus de citron
15 ml (1 c. à soupe) de moutarde de Dijon ou
d'une autre moutarde jaune

5 ml (1 c. à thé) de thym séché
Poivre au goût
4 oignons verts, en rondelles

- Laver la romaine.
- La couper en petits morceaux et la mettre dans un saladier.
- Mélanger les ingrédients de la vinaigrette au robot culinaire jusqu'à l'obtention d'une consistance très lisse.
- Verser la vinaigrette sur la salade.

On peut ajouter quelques croûtons si le pain est toléré. Cette vinaigrette peut également servir de trempette pour des légumes car elle est assez épaisse.

Saviez-vous que...

la salade César aurait été créée en 1924
par le chef italien César Cardini qui avait
un restaurant à Tijuana, au Mexique?

Salade
de haricots mungo

Ne contient pas de produits laitiers, blé, levure, maïs, sucre, œufs, noix et gluten.

Donne 2 l (8 tasses) ou 6 portions.

ingrédients

250 ml (1 tasse) de haricots mungo
250 ml (1 tasse) de carottes, coupées en dés
125 ml (1/2 tasse) de poivron rouge, coupé en dés

2 branches de céleri, coupées en dés
1 concombre anglais, coupé en dés
250 ml (1 tasse) de persil frais, haché

Vinaigrette

1 gousse d'ail, hachée
15 ml (1 c. à soupe) de gingembre frais, râpé
50 ml (1/4 tasse) de tamari sans blé

25 ml (1/8 tasse) d'huile de sésame rôtie ou d'huile de sésame
Un demi-citron, pressé

• Mettre les haricots dans une casserole avec 625 ml (2 1/2 tasses) d'eau; porter à ébullition, puis laisser mijoter de 45 à 60 minutes ou jusqu'à ce qu'ils soient tendres.

• Placer les haricots dans un saladier en verre et laisser refroidir.

• Couper les légumes et les ajouter aux haricots froids.

• Mélanger les ingrédients de la vinaigrette et verser sur le mélange aux haricots; laisser refroidir 1 heure avant de servir.

Cette salade peut se manger tiède ou froide. En hiver, je fais revenir tous les légumes, sauf le concombre, et je les mélange aux haricots chauds, mais en été, je les aime froids et craquants.

Remarque

On peut aussi faire cette recette avec des nouilles de haricots mungo. Elles sont transparentes et on les trouve dans les magasins d'alimentation naturelle ou de produits indiens et asiatiques. Les haricots mungo n'ont pas besoin d'être prétrempés.

Salade
de chou-fleur et de brocoli

Ne contient pas de produits laitiers, blé, levure, maïs, sucre, œufs, soja, noix et gluten.
Donne 3 l (12 tasses) ou 6 portions.

ingrédients

1 chou-fleur, coupé en bouquets
1 brocoli, coupé en bouquets
1 poivron rouge, coupé en dés
1 poivron orange, coupé en dés
1 poivron jaune, coupé en dés
3 carottes, coupées en rondelles
Botte de persil frais, haché

Botte de basilic frais, haché
75 ml (5 c. à soupe) d'huile d'olive
2 gousses d'ail, hachées
45 ml (3 c. à soupe) de vinaigre umeboshi
Jus d'un citron
Sel de mer au goût

- Faire blanchir le chou-fleur et le brocoli pendant 3 minutes puis rincer à l'eau froide.
- Mélanger tous les légumes dans un bol et ajouter l'huile d'olive, le jus de citron, l'ail et le vinaigre umeboshi.

Remarque

On peut acheter du vinaigre ou de la pâte umeboshi dans un magasin d'alimentation naturelle. Il convient aux sauces et aux vinaigrettes et se garde très longtemps au réfrigérateur.

Saviez-vous que...

les prunes umeboshi poussent dans les régions du nord du Japon? Elles ont un goût un peu amer et salé et la réputation de calmer les problèmes digestifs et de désintoxiquer le corps.

Vinaigrette
aux graines de tournesol

Ne contient pas de produits laitiers, blé, levure, maïs, sucre, œufs, soja, noix et gluten.

Donne 500 ml (2 tasses).

ingrédients

250 ml (1 tasse) de graines de tournesol, grillées
1 gousse d'ail, hachée
1/2 poivron rouge, rôti

2 ml (1/2 c. à thé) de sel de mer
175 ml (3/4 tasse) d'eau
Jus d'un demi-citron

- Faire griller les graines de tournesol dans une poêle en fonte à feu doux-moyen jusqu'à ce qu'elles soient dorées. Remuer fréquemment pour qu'elles ne brûlent pas.

- Rôtir le poivron rouge au four, sous le gril, jusqu'à ce que la peau soit noire; laisser refroidir, puis enlever la peau.

- Mélanger tous les ingrédients au robot culinaire, en ajoutant l'eau lentement – il ne faut pas qu'elle soit trop liquide.

C'est une bonne vinaigrette pour les pommes de terre ou les avocats ou pour une trempette avec des légumes crus.

Sauce César
sans produits laitiers

Ne contient pas de produits laitiers, blé, levure, maïs, sucre, œufs, noix, solanacées et gluten.

Donne 250 ml (1 tasse).

ingrédients

125 ml (1/2 tasse) d'huile d'olive
125 ml (1/2 tasse) d'huile de graines de lin
45 ml (3 c. à soupe) de jus de citron
3 gousses d'ail, hachées
5 ml (1 c. à thé) de moutarde jaune

5 ml (1 c. à thé) de tamari sans blé
2 anchois
30 ml (2 c. à soupe) de graines de tournesol moulues
1 ml (1/4 c. à thé) de sel de mer

- Mélanger tous les ingrédients au mélangeur ou au robot ou fouetter dans un bol.
- Conserver dans une bouteille sombre au réfrigérateur.

Vinaigrette au basilic
et au poivron rouge

Ne contient pas de produits laitiers, blé, levure, maïs, sucre, œufs, soja, noix et gluten.

Donne 625 ml (2 1/2 tasses).

ingrédients

1 botte de basilic, finement hachée
1 gros poivron rouge, coupé en lanières fines
125 ml (1/2 tasse) de vinaigre de vin de riz
125 ml (1/2 tasse) d'huile de graines de lin

125 ml (1/2 tasse) d'huile de tournesol
Jus d'un citron
1 gousse d'ail, hachée
Sel de mer au goût

- Mélanger tous les ingrédients au mélangeur ou au robot et servir.

Saviez-vous que... les Grecs appelaient le basilic « herbe royale »? Pour conserver le basilic, l'envelopper dans un essuie-tout humide puis le mettre dans un sac en plastique. Se garde jusqu'à 4 jours au réfrigérateur.

Vinaigrette
crémeuse au concombre

Ne contient pas de produits laitiers, blé, levure, maïs, sucre, œufs, solanacées et gluten.

Donne 1 portion.

ingrédients

250 ml (1 tasse) de tofu à texture fine
50 ml (1/4 tasse) de jus de lime
1 concombre, coupé en rondelles
50 ml (1/4 tasse) de noix de cajou

2 oignons verts, hachés
30 ml (2 c. à soupe) d'aneth frais
2 ml (1/2 c. à thé) de sel de mer

- Moudre les noix de cajou au robot culinaire jusqu'à obtenir une mouture très fine. Ajouter tous les autres ingrédients et mélanger pour obtenir une sauce onctueuse.

- Réfrigérer avant de servir.

C'est une sauce épaisse que j'utilise aussi pour les trempettes.
Le tofu à texture fine donne une consistance crémeuse.

Pesto

Ne contient pas de produits laitiers, blé, levure, maïs, sucre, œufs, soja, solanacées et gluten.

Donne 500 ml (2 tasses).

ingrédients

50 ml (1/4 tasse) de pignons
1 botte de basilic frais
1/2 botte de persil frais
1 botte d'épinards frais

50 ml (1/4 tasse) d'huile d'olive
2 à 3 gousses d'ail, écrasées
2 ml (1/2 c. à thé) de sel de mer
15 à 30 ml (1 à 2 c. à soupe) de jus de citron

- Faire griller les pignons à sec à feu doux dans une poêle en fonte en remuant pour qu'ils ne brûlent pas. Ils sont prêts quand ils sont dorés.

- Bien nettoyer et rincer le basilic, le persil et les épinards et enlever les tiges. Les sécher soigneusement entre deux feuilles d'essuie-tout ou deux torchons propres.

- Mélanger tous les ingrédients (quelques pignons seulement) au robot culinaire.

- Le mélange doit avoir la consistance d'une pâte. S'il est trop sec, ajouter un peu d'eau ou plus de jus de citron ou d'huile.

- Servir avec des pâtes et recouvrir du reste des pignons grillés.

Vinaigrette
aux herbes préférée

Ne contient pas de produits laitiers, blé, levure, maïs, sucre, œufs, soja, noix, solanacées et gluten.

Donne 375 ml (1 1/2 tasse).

ingrédients

2 gousses d'ail, hachées
5 ml (1 c. à thé) de moutarde sèche
125 ml (1/2 tasse) de vinaigre de vin rouge
4 anchois ou 5 ml (1 c. à thé) de pâte d'anchois
250 ml (1 tasse) d'huile d'olive

30 ml (2 c. à soupe) de persil frais, haché
Pincée d'origan
Pincée de basilic
Pincée de sel de mer
Pincée de poivre

• Mélanger tous les ingrédients au mélangeur ou au robot culinaire; réfrigérer et servir.

Remarque

Il est bon d'avoir de la vinaigrette toute prête. Elle se conserve bien dans des bocaux en verre.

Saviez-vous que...

les anchois, une fois la boîte ouverte, se conserveront jusqu'à 2 mois au réfrigérateur s'ils sont dans de l'huile et dans un contenant hermétique? Pour réduire leur taux de salinité, les faire tremper 30 minutes dans l'eau froide.

Vinaigrette
française

Ne contient pas de produits laitiers, blé, levure, maïs, sucre, œufs, soja, noix, solanacées et gluten.

Donne 250 ml (1 tasse).

ingrédients

125 ml (1/2 tasse) d'huile d'olive
Jus d'un citron
60 ml (4 c. à soupe) de vinaigre de cidre
1 gousse d'ail, hachée
Pincée de sel et de poivre

30 ml (2 c. à soupe) de persil
30 ml (2 c. à soupe) de ciboulette
30 ml (2 c. à soupe) de basilic
15 ml (1 c. à soupe) de miel

• Bien secouer tous les ingrédients dans un bocal en verre.

Cette vinaigrette est encore meilleure en été lorsque le persil, la ciboulette et le basilic sont frais. S'assurer simplement de les couper très finement.

Vinaigrette
italienne

Ne contient pas de produits laitiers, blé, levure, maïs, sucre, œufs,
soja, noix, solanacées et gluten.

Donne 125 ml (1/2 tasse).

ingrédients

2 gousses d'ail, hachées
5 ml (1 c. à thé) d'estragon seché
5 ml (1 c. à thé) de marjolaine sèchée
5 ml (1 c. à thé) de moutarde sèche

125 ml (1/2 tasse) d'huile d'olive, de colza ou végétale
15 ml (1 c. à soupe) de vinaigre de vin rouge
2 ml (1/2 c. à thé) de sel de mer
1 ml (1/4 c. à thé) de poivre

- Combiner tous les ingrédients dans un bocal en verre;
fermer hermétiquement et bien secouer.

- Laisser reposer 1 heure à température ambiante, puis réfrigérer.

- Bien secouer avant de servir.

Elle est délicieuse avec des pommes de terre, du riz, des pâtes ou une salade mixte.

Soyannaise

Ne contient pas de produits laitiers, blé, levure, maïs, sucre, œufs, noix, solanacées et gluten. Le paprika et le piment de Cayenne appartiennent à la famille des solanacées; omettre si nécessaire.

Donne 250 ml (1 tasse).

ingrédients

250 ml (1 tasse) de tofu à texture fine
125 ml (1/2 tasse) d'huile (au choix)
30 ml (2 c. à soupe) d'oignon, émincé
45 ml (3 c. à soupe) de jus de citron

2 ml (1/2 c. à thé) de paprika
1 ml (1/4 c. à thé) de moutarde sèche ou de piment de Cayenne
5 ml (1 c. à thé) de miel
1 ml (1/4 c. à thé) de sel

• Mélanger tous les ingrédients au mélangeur, sauf l'huile et le jus de citron. Ajouter l'huile très lentement tout en remuant; ajouter le jus de citron et mélanger.

• Réfrigérer et servir.

Délicieuse sur du pain grillé avec de l'avocat ou des tomates.

Farce
aux légumes

Ne contient pas de produits laitiers, blé, levure, maïs, sucre, œufs, soja, noix et solanacées. Sera sans levure si le pain n'en contient pas.

Donne 1 l (4 tasses).

ingrédients

1 oignon moyen, émincé	50 ml (1/4 tasse) de persil frais, haché
45 ml (3 c. à soupe) d'huile d'olive	1 ml (1/4 c. à thé) de sauge
750 ml (3 tasses) de champignons, coupés en tranches	1 ml (1/4 c. à thé) de thym
250 ml (1 tasse) de céleri, coupé en tranches	0,5 ml (1/8 c. à thé) de marjolaine
1 l (4 tasses) de chapelure (pain sans blé)	0,5 ml (1/8 c. à thé) de poivre noir
250 ml (1 tasse) de bouillon de légumes	2 ml (1/2 c. à thé) de sel de mer

• Faire revenir l'oignon quelques minutes dans un peu d'huile. Ajouter les champignons et le céleri.

• Cuire à feu moyen jusqu'à ce que les champignons commencent à dorer, puis ajouter la chapelure et l'assaisonnement.

• Baisser le feu et continuer à cuire 5 minutes. Incorporer le bouillon petit à petit jusqu'à obtenir la consistance désirée.

• Placer dans un plat de 23 x 33 cm (9 x 13 po) légèrement huilé; couvrir et cuire à 175 °C (350 °F) pendant 20 minutes.

• Retirer le couvercle et cuire encore 10 minutes.

Marinade
pour bœuf

Ne contient pas de produits laitiers, blé, levure, maïs, sucre, œufs,
soja, noix, solanacées et gluten.

Donne 375 ml (1 1/2 tasse), suffisamment de marinade
pour 1 à 1,5 kg (2 à 3 lb) de surlonge.

ingrédients

150 ml (2/3 tasse) de jus de citron
75 ml (1/3 tasse) d'huile de colza
4 gousses d'ail, hachées

10 ml (2 c. à thé) d'origan
1/2 oignon moyen, tranché
Poivre au goût

- Mélanger les ingrédients et passer au mélangeur à main pour que les saveurs
se mélangent et que le tout devienne liquide.

- Faire mariner de gros cubes de bifteck de surlonge, environ 2 lb (1 kg)
au moins 4 heures au réfrigérateur.

- Enfiler la viande sur des brochettes avec des morceaux de légumes
et griller au barbecue.

Les courgettes, poivrons rouges et oignons accompagnent bien le bœuf
sur ces brochettes.

Marinade
pour agneau

Ne contient pas de produits laitiers, blé, levure, maïs, sucre, œufs, noix, solanacées et gluten.

Donne 500 ml (2 tasses).

ingrédients

125 ml (1/2 tasse) de jus de citron
30 ml (2 c. à soupe) de moutarde sèche
(mélangée à un peu d'eau)
250 ml (1 tasse) de bouillon de légumes

125 ml (1/2 tasse) de tamari (sauce soja sans blé)
2 gousses d'ail, hachées
30 ml (2 c. à soupe) de raifort
Poivre au goût

• Mélanger tous les ingrédients. Placer l'agneau dans un plat en verre avec la marinade et laisser mariner au moins 3 heures au réfrigérateur. Cuire l'agneau au barbecue ou au four.

Remarque : On peut utiliser cette marinade sur un rôti d'agneau ou des côtelettes. J'essaie d'acheter du raifort frais et de le râper moi-même car celui que je trouve dans le commerce contient des tas d'ingrédients que je ne tolère pas.

Marinade
pour poulet

Ne contient pas de produits laitiers, blé, levure, maïs, sucre, œufs, noix, solanacées et gluten.

Donne 500 ml (2 tasses).

ingrédients

250 ml (1 tasse) de jus de pomme biologique
125 ml (1/2 tasse) de tamari (sauce soja sans blé)
15 ml (1 c. à soupe) de miel

30 ml (2 c. à soupe) d'huile d'olive
1 gousse d'ail, hachée

• Mélanger tous les ingrédients et utiliser comme marinade pour poulet.

Photo : Marinade pour agneau

Salsa
pour poulet

Ne contient pas de produits laitiers, blé, levure, maïs, sucre, œufs,
soja, noix, solanacées et gluten.

Donne 500 ml (2 tasses).

ingrédients

2 pêches, tranchées	5 ml (1 c. à thé) de miel
1 mangue, tranchée	Sel de mer et poivre au goût
Jus d'une lime	

- Mélanger la mangue et la pêche au mélangeur, puis ajouter le jus de lime, le sel et le poivre. Délicieuse avec une poitrine de poulet cuite.

Sauce
thaï

Ne contient pas de produits laitiers, blé, levure, maïs, sucre, œufs,
soja, noix, solanacées et gluten.

Donne 125 ml (1/2 tasse).

ingrédients

125 ml (1/2 tasse) d'huile de sésame	20 ml (4 c. à thé) de gingembre frais, râpé
Trait d'huile de sésame grillée	3 oignons verts, hachés
30 ml (2 c. à soupe) de menthe fraîche, hachée	2 ml (1/2 c. à thé) de poudre de cumin ou de cari
30 ml (2 c. à soupe) de coriandre fraîche, hachée	Sel de mer et poivre au goût

- Mélanger tous les ingrédients au robot culinaire et conserver au frais dans un conteneur sombre jusqu'à utilisation.

- Verser sur des lentilles ou utiliser comme vinaigrette sur une salade de pommes de terre froides, du riz ou des lentilles.

Photo : Salsa pour poulet

Plats

principaux

Plats principaux

Hamburgers de chanvre ... 134

Hamburgers de haricots et de riz ... 136

Garniture pour tortillas à l'épeautre ... 138

Rouleaux de riz ... 140

Sauce aux amandes ... 142

Hachis Parmentier au bœuf ... 143

Hachis Parmentier végétarien ... 144

Hachis Parmentier aux lentilles ... 146

Croquettes de saumon ... 148

Thon et pâtes ... 150

Poisson pané ... 152

Crevettes à l'ail et à la lime ... 154

Vivaneau rouge au barbecue ... 154

Filets de poisson au barbecue ... 156

Ratatouille ... 158

Fèves au four ... 160

Agneau farci ... 161

Ragoût de bœuf ou d'agneau facile ... 162

Boulettes de viande à l'ananas ... 164

Bœuf sauté enveloppé dans
des feuilles de laitue ... 166

Pain de viande de caribou ... 168

Chutney ... 170

Poulet tout simple ... 171

Poulet aigre-doux ... 172

Tourtière végétarienne ... 174

Feuilles de vigne farcies ... 176

Hamburgers
de chanvre

Ne contient pas de produits laitiers, blé, maïs, sucre, œufs, soja et solanacées.
Sera une recette sans levure si la chapelure n'en contient pas.

Donne 8 hamburgers.

ingrédients

250 ml (1 tasse) de chapelure sans levure (sécher le pain au four ou au grille-pain pour faire la chapelure)	250 ml (1 tasse) de riz brun à grain court, cuit
1 gros oignon, émincé	250 ml (1 tasse) de noix finement hachées
5 ml (1 c. à thé) de sauge	(s'assurer que les noix ne sont pas amères;
2 petites gousses d'ail, hachées	si elles le sont, cela signifie qu'elles sont rances)
2 ml (1/2 c. à thé) de sel de mer	Huile d'olive
	Eau

- Faire revenir l'oignon, l'ail et une pincée de sauge dans un peu d'huile d'olive pour les caraméliser.

- Hacher les noix très finement au mélangeur ou au robot culinaire.

- Ajouter le riz brun cuit et un peu d'eau; bien mélanger. La mixture doit être collante.

- Verser dans un bol puis ajouter les oignons, la chapelure, une pincée de sauge et du sel au goût.

- Mélanger tous les ingrédients et bien les lier. Si le mélange est trop sec, ajouter un peu d'eau; s'il est trop humide, ajouter de la chapelure. Façonner en petites galettes.

- Faire revenir les galettes des deux côtés dans une goutte d'huile d'olive, à feu moyen pendant quelques minutes.

Remarque

Ces hamburgers ont tendance à être plus mous que secs, mais ils sont délicieux avec une salade.

Hamburgers
de haricots et de riz

Ne contient pas de produits laitiers, blé, maïs, sucre, œufs, soja, noix et solanacées.
Sera une recette sans levure si la chapelure n'en contient pas.

Donne 1 portion.

ingrédients

250 ml (1 tasse) de doliques à œil noir	1 bouquet d'oignons verts hachés
125 ml (1/2 tasse) de riz basmati blanc	10 ml (2 c. à thé) d'huile d'olive
125 à 175 ml (1/2 à 3/4 tasse) de chapelure sans blé	Feuilles de laitue
1 ml (1/4 c. à thé) de sel de mer	Petits pains à hamburger (facultatif)
2 ml (1/2 c. à thé) de cumin	Eau
10 ml (2 c. à thé) de gingembre frais râpé	

• Rincer et faire tremper les doliques. (Je les fais généralement tremper toute la nuit, puis les rince bien avant de les cuire.) Placer 1 l (4 tasses) d'eau dans une casserole pour 1 tasse de haricots rincés et porter à ébullition. Réduire le feu et laisser mijoter pendant 1 h 30 ou jusqu'à ce que les haricots soient tendres.

• Égoutter et rincer. Remettre les haricots dans la même casserole et ajouter le riz basmati non cuit et 500 ml (2 tasses) d'eau. Incorporer le sel, le cumin, le gingembre et les oignons verts et laisser mijoter pendant au moins 15 minutes ou jusqu'à ce que le riz soit cuit. Remuer fréquemment à la fin. La mixture doit être coulante et bien mélangée. Incorporer la chapelure, laisser refroidir, puis former des petites galettes.

• Verser un peu d'huile d'olive dans une poêle, juste pour couvrir le fond, et faire cuire les galettes 4 minutes environ de chaque côté. Servir sur des feuilles de laitue ou des petits pains à hamburger, si tolérés.

• On peut également incorporer du céleri haché à la cuisson des haricots et du riz, pour donner un peu de croquant aux hamburgers.

Garniture
pour tortillas à l'épeautre

Ne contient pas de produits laitiers, blé, levure, maïs, sucre, œufs, soja, noix et solanacées.

Donne 5 gros tortillas.

ingrédients

250 ml (1 tasse) de kasha, baies de seigle ou d'avoine	Sel de mer au goût
250 ml (1 tasse) de chou	Huile d'olive
250 ml (1 tasse) de carottes	Eau
1 poireau, émincé	Paquet de tortillas à l'épeautre
10 ml (2 c. à thé) de gingembre frais, râpé	

• Suivre les instructions de cuisson de l'avoine, du seigle ou du kasha, données au début du livre.

• Râper le chou, les carottes et le poireau. Mettre une goutte d'huile d'olive dans une poêle et faire revenir le poireau pendant 2 minutes. Incorporer le chou, les carottes, le sel de mer et le gingembre. Ajouter 50 ml (1/4 tasse) d'eau et laisser mijoter de 5 à 10 minutes en remuant fréquemment. Ajouter ensuite aux céréales cuites et bien mélanger. On peut aussi mettre du tamari si on tolère le soja.

• Remplir les tortillas à l'épeautre et déguster.

J'achète mes tortillas à l'épeautre dans un magasin diététique. Elles ne contiennent pas de levure et sont délicieuses.

Remarque

On peut omettre le gingembre et utiliser des herbes différentes selon les allergies. Essayer le persil, le basilic, le cumin ou le cari.

Rouleaux
de riz

Ne contient pas de produits laitiers, blé, levure, maïs, sucre, œufs, soja, solanacées et gluten.

Donne 9 à 10 rouleaux.

ingrédients

1/4 à 1/2 chou, râpé
4 carottes, pelées, râpées
250 ml (1 tasse) de persil frais, haché
250 ml (1 tasse) de germes de haricot
1 oignon, coupé en dés
45 à 60 ml (3 à 4 c. à soupe) d'huile d'olive

1 paquet de feuilles de riz
5 ml (1 c. à thé) de sauge séchée
5 ml (1 c. à thé) de sarriette des jardins séchée
5 ml (1 c. à thé) de thym séché

• Faire revenir l'oignon dans un peu d'huile d'olive dans une poêle en fonte. Ajouter la sauge, la sarriette et le thym à la fin pour donner de la saveur.

• Mélanger le chou, les carottes, le persil, les germes de haricot et la moitié des oignons dans un autre récipient. Incorporer 30 ml (2 c. à soupe) du mélange à l'huile d'olive. (Râper le chou, les carottes et le persil au robot.)

• Verser 2,5 cm (1 po) d'eau dans un grand faitout; porter à ébullition, puis retirer du feu. Plonger délicatement les feuilles de riz dans l'eau pour les humidifier et qu'elles deviennent collantes. Les retirer de l'eau et les placer sur une assiette. Faire attention à ne pas se brûler les doigts. (C'est un travail délicat; j'utilise des pinces et mes doigts, mais il faut faire attention à ne pas déchirer les feuilles avec les pinces.)

• Placer une cuillerée du mélange au chou sur chaque feuille, replier les côtés puis rouler pour former un gros pâté impérial. Placer le rouleau dans un plat à lasagne en verre légèrement huilé. Recouvrir de sauce aux amandes (voir p. suivante) et cuire à 175 °C (375 °F) de 10 à 15 minutes.

Sauce
aux amandes

ingrédients

175 ml (3/4 tasse) d'amandes moulues
1 oignon moyen, haché
2 gousses d'ail, hachées

5 ml (1 c. à thé) de sel de mer
Eau ou bouillon
1 brocoli, coupé en petits morceaux

- Passer le brocoli à la vapeur pendant quelques minutes. Ne pas trop le cuire, car il perdrait tous ses éléments nutritifs.

- Faire revenir l'oignon dans une poêle pour le caraméliser. Cela donnera au jus une délicieuse saveur.

- Moudre finement les amandes. Ajouter le brocoli, 30 à 60 ml (2 à 4 c. à soupe) d'eau, de bouillon ou d'un autre liquide. (Utiliser l'eau de cuisson du brocoli.) Ajouter l'ail, le sel de mer et l'oignon cuit et bien mélanger.

- Étaler le mélange sur les feuilles de riz (voir recette p. précédente) et cuire à 175 °C (350 °C) de 10 à 15 minutes, jusqu'à ce qu'elles soient dorées. Ne pas cuire trop longtemps pour ne pas les dessécher.

Saviez-vous que...

l'amande est probablement la meilleure de toutes les noix? Son contenu en gras est inférieur d'environ 60 % à celui des autres noix et elle a une concentration protéinique de près de 20 %. La présence de 2 à 4 % d'amygdaline, plus connue sous le nom de Laetrile, a donné à l'amande la réputation d'être anticancérigène.

Hachis Parmentier
au bœuf

Ne contient pas de produits laitiers, blé, levure, maïs, sucre, œufs, soja, noix et gluten.

Donne 6 portions.

ingrédients

1 kg (2 lb) de bœuf haché maigre	5 ml (1 c. à thé) de thym
1 petit oignon, coupé en dés	125 ml (1/2 tasse) d'eau
Huile d'olive	10 ml (2 c. à thé) de fécule de maïs ou d'arrow-root
4 grosses pommes de terre	(diluée dans 30 ml [2 c. à soupe] d'eau froide)
(blanches ou patates douces, ou les deux)	Lait de riz (facultatif)
1 petit sac de petits pois surgelés	Sel de mer et poivre au goût

• Faire revenir le bœuf, les oignons, le sel, le poivre et le thym dans un peu d'huile d'olive, puis ajouter le mélange de fécule de maïs et laisser mijoter pendant 1 minute; remuer et laisser le jus épaissir.

• Faire cuire les pommes de terre ou patates douces et les écraser avec un peu d'eau de cuisson ou du lait de riz.

• Placer la viande dans un plat en verre carré de 22,5 cm (9 po). Ajouter les petits pois et recouvrir de purée. Si les petits pois sont surgelés, les cuire une minute ou deux avant de les ajouter.

Remarque

Utiliser de l'arrow-root à la place de la fécule de maïs pour épaissir le jus.

Hachis Parmentier
végétarien

Ne contient pas de produits laitiers, blé, levure, maïs, sucre, œufs, soja, noix et gluten.

Donne 8 portions.

ingrédients

250 ml (1 tasse) de haricots Northern	7 ml (1 1/2 c. à thé) de thym séché
250 ml (1 tasse) de haricots Pinto	30 ml (2 c. à soupe) de persil frais
5 à 6 pommes de terre, tranchées	5 ml (1 c. à thé) d'estragon
1 oignon moyen, émincé	2 branches de céleri, coupées en dés
2 ml (1/2 c. à thé) de moutarde sèche	2 carottes pelées et coupées en dés
15 ml (1 c. à soupe) de sirop d'érable	1 chou frisé ou une botte d'épinards ou de bette à carde
2 gousses d'ail, hachées	2 courgettes moyennes, coupées en tranches
15 ml (1 c. à soupe) de gingembre frais, râpé	Graines de tournesol (facultatif)
7 ml (1 1/2 c. à thé) de basilic séché	

- Faire bouillir les haricots, puis les laisser mijoter pendant 30 minutes avant de les rincer à l'eau froide. Les remettre dans la casserole, les recouvrir d'eau et les cuire à feu moyen pendant 1 heure ou jusqu'à ce qu'ils soient tendres.

- Faire cuire les pommes de terre dans une autre casserole pour faire de la purée. On peut mettre moitié patates douces ou navets et moitié pommes de terre blanches pour varier. (Quand je fais bouillir des pommes de terre, je mets une passoire sur la casserole et je cuis le chou frisé, les épinards ou les bettes à la vapeur. C'est une bonne façon de cuire les légumes. Sans grande passoire ou panier vapeur, il faudra les cuire à la vapeur séparément.)

- Écraser les pommes de terre. (Je mets toujours une goutte d'huile d'olive et un peu de leur eau de cuisson pour les garder humides.) Ajouter du persil et de l'estragon au goût.

- Faire légèrement revenir la courgette, les carottes, l'oignon et l'ail dans un peu d'huile d'olive.

- Étaler les haricots au fond d'un plat à lasagne, ajouter la moutarde, le sirop d'érable, le basilic, le thym et le gingembre, puis une couche de légumes sautés, une couche de chou frisé ou d'épinards ou de bettes, et recouvrir de purée de pommes de terre. Saupoudrer de graines de tournesol, au goût.

- Faire griller quelques minutes au four pour roussir le dessus des pommes de terre.

Remarque

Faire tremper les haricots toute la nuit et les rincer plusieurs fois. Utiliser un morceau de kombu dans l'eau de trempage pour éliminer les enzymes gazeux. Cuire 250 ml (1 tasse) de haricots dans 500 ml (2 tasses) d'eau. Avec des haricots en boîte, la recette est plus rapide à faire, il suffit de les rincer pour enlever le sel et de les égoutter.

Hachis Parmentier
aux lentilles

Ne contient pas de produits laitiers, blé, levure, maïs, sucre, œufs,
soja, noix, solanacées et gluten.

Donne 6 portions.

ingrédients

250 ml (1 tasse) de lentilles (rouges ou brunes)
1 oignon, coupé en dés
1 gousse d'ail
3 patates douces, tranchées
1 petit sac de petits pois surgelés
2 carottes, tranchées

2 feuilles de laurier
5 ml (1 c. à thé) d'estragon séché
Huile d'olive
Sel de mer
Lait de riz (facultatif)

• Faire cuire 250 ml (1 tasse) de lentilles dans une casserole avec 750 ml (3 tasses) d'eau, les feuilles de laurier et la gousse d'ail. (J'écrase généralement l'ail avec un couteau pour l'ouvrir et laisser sortir sa saveur.) Il faut environ 20 minutes pour cuire les lentilles. Une fois cuite, les égoutter, enlever les feuilles de laurier et remettre l'ail.

• Placer les lentilles dans le fond d'un plat. Porter à ébullition les petits pois congelés et égoutter.

• En même temps, cuire les patates douces et les carottes à l'eau bouillante jusqu'à ce qu'elles soient tendres. Les écraser avec le reste de l'eau de cuisson ou un peu de lait de riz. Ajouter sel, poivre ou margarine selon la tolérance.

• Faire revenir l'oignon avec un peu d'estragon ou un choix d'herbes, puis verser sur les lentilles. Étaler une couche de petits pois puis une couche de purée.

• Enfourner et faire griller quelques minutes, jusqu'à ce que la purée soit légèrement dorées.

Saviez-vous que...

les lentilles sont bonnes pour vous, rapides à cuire et n'ont pas besoin de tremper comme les haricots ?

Croquettes
de saumon

Ne contient pas de produits laitiers, blé, levure, maïs, sucre, œufs, soja et noix.
Sera une recette sans levure si la chapelure n'en contient pas.

Donne 10 croquettes.

ingrédients

5 à 6 pommes de terre
1 oignon moyen, coupé en dés
1 boîte de saumon (213 g ou 7,5 oz)
3 brins d'aneth frais (facultatif)

Botte de persil frais, haché (facultatif)
Huile d'olive
250 ml (1 tasse) de chapelure sans blé (facultatif)
1 citron

• Faire bouillir les pommes de terre jusqu'à ce qu'elles soient tendres et les écraser avec l'eau de cuisson ou du lait de riz. Ne pas faire une purée trop liquide pour que les croquettes ne s'émiettent pas.

• Faire revenir l'oignon.

• Mélanger le saumon, la purée de pommes de terre, l'aneth, le persil et l'oignon dans un bol. Ajouter la chapelure ou un peu de farine de riz brun, d'arrow-root ou de tapioca pour lier le mélange s'il est trop humide.

• Façonner des croquettes à la main.

• Couvrir le fond d'une poêle d'huile d'olive, faire revenir les croquettes à feu moyen environ 3 minutes de chaque côté. Elles sont délicieuses avec un quartier de citron.

• Pour des croquettes non frites, les faire dorer au four sur une plaque à cuisson, après avoir badigeonné les deux côtés d'huile d'olive. Cuire sur la clayette du haut à 190 °C (375 °F). Les laisser au four juste le temps de dorer; si elles cuisent trop longtemps, elles risquent de se dessécher.

Thon
et pâtes

Ne contient pas de produits laitiers, blé, levure, maïs, sucre, œufs, soja et noix.
Sera sans gluten si on utilise des pâtes de riz, de quinoa ou de sarrasin.

Donne 2 portions.

ingrédients

1 boîte de thon à l'eau	Un demi-brocoli, coupé en petits morceaux
1 botte d'oignons verts, coupés en dés	Gingembre frais, râpé
Huile d'olive	(si toléré, sinon utiliser de l'ail ou une autre herbe)
1/2 poivron rouge ou vert, tranché (facultatif)	500 ml (2 tasses) de pâtes sans blé
1 branche de céleri, tranchée	(kamut, épeautre, riz ou quinoa)

• Faire revenir les oignons, poivron, brocoli, gingembre et céleri dans un peu d'huile d'olive, dans une casserole en fonte, à feu moyen. Ajouter le thon égoutté aux légumes. Remuer quelques minutes pour réchauffer le thon.

• Faire cuire les pâtes sans blé dans une autre casserole. Égoutter. Mettre les légumes sautés et le thon sur les pâtes chaudes dans un plat et déguster.

De nos jours, la diversité des pâtes sans blé est infinie. Kamut, épeautre, quinoa, maïs, riz brun ou haricots mungo. Des pâtes mélangées avec des légumes, du bœuf ou du poisson font un bon repas.

Saviez-vous que...

le thon fait partie de la famille des maquereaux et qu'il est le poisson le plus mis en conserve ? Il existe plusieurs variétés de thon. Le meilleur est le thon blanc. On le trouve à l'eau ou à l'huile, ce dernier contenant plus de calcium.

Poisson
pané

Ne contient pas de produits laitiers, blé, levure, maïs, sucre, œufs, soja et solanacées.
Pour une recette sans soja, utiliser un autre lait.

---

ingrédients

Gros filets de poisson (au choix)
Farine disponible (épeautre, orge, avoine)
Lait de noix, de riz ou de soja

Graines de sésame ou amandes finement hachées
Huile d'olive

- Plonger les filets dans le lait, les rouler dans la farine
et les badigeonner de graines de sésame ou d'amandes.

- Placer les filets dans un plat en verre graissé allant au four
et cuire à feu moyen à 175 °C (350 °F) pendant environ 30 minutes,
selon l'épaisseur des filets.

Crevettes à l'ail
et à la lime

Ne contient pas de produits laitiers, blé, levure, maïs, sucre, œufs, soja, noix, solanacées et gluten.

Donne 2 portions.

ingrédients

18 crevettes crues, fraîches ou surgelées	2 limes
45 ml (3 c. à soupe) de margarine ou de beurre	Botte de persil frais, finement haché
2 à 3 gousses d'ail, hachées	

- Décongeler les crevettes et les déveiner, si besoin.

- Faire fondre le beurre ou la margarine dans une grande poêle et faire revenir l'ail à feu moyen. Ajouter le jus d'une lime, saler et poivrer.

- Ajouter les crevettes et cuire quelques minutes jusqu'à ce qu'elles aient une jolie couleur rose. Arroser de jus de la 2e lime et laisser mijoter quelques secondes.

- Saupoudrer de persil frais et servir avec une salade ou du riz. Délicieux.

J'achète mes crevettes fraîches chez un poissonnier ou je prends un sac de grosses crevettes tigres crues et déveinées chez l'épicier.

Vivaneau rouge au barbecue

Ne contient pas de produits laitiers, blé, levure, maïs, sucre, œufs, soja, noix et gluten.

Donne 2 portions.

ingrédients

2 filets de vivaneau frais	30 ml (2 c. à soupe) de gingembre frais, râpé
(ou filets de n'importe quel poisson frais)	Jus d'un demi-citron ou 1 ml (1/4 c. à thé) de vinaigre blanc
1 gros poivron rouge	Sel de mer au goût
50 ml (1/4 tasse) d'eau ou de bouillon	

- Couper le poivron rouge en deux et le rôtir au barbecue ou au four jusqu'à ce que la peau noircisse.

- Placer le poivron rouge grillé dans un sac en papier ou le couvrir d'une serviette et laisser reposer 10 minutes.

- Enlever la peau et jeter les graines.

- Réduire en purée au mélangeur ou au robot culinaire, avec l'eau, le vinaigre, le sel et le gingembre.

- Passer les filets au barbecue 4 minutes de chaque côté ou jusqu'à cuisson complète. Servir les filets recouverts de purée.

Photo : Crevettes à l'ail et à la lime

Filets de poisson
au barbecue

Ne contient pas de produits laitiers, blé, levure, maïs, sucre, œufs, soja, noix et gluten.

Donne 2 portions.

ingrédients

2 filets de poisson (aiglefin, plie rouge, thon ou autre)
2 avocats
2 mangues
15 ml (1 c. à soupe) de jus de citron frais

2 petits concombres
30 ml (2 c. à soupe) d'huile d'olive
Riz au jasmin ou basmati

Assaisonnements

75 ml (1/3 tasse) de jus de citron frais
30 ml (2 c. à soupe) de sauce chili douce
En cas d'allergie à la sauce chili, utiliser :

1 poivron rouge finement haché avec 3 oignons verts émincés
15 ml (1 c. à soupe) de ciboulette fraîche, hachée
Sel de mer et poivre au goût

• Peler les avocats et les trancher.
Mettre dans un bol et arroser de jus de citron pour qu'ils ne noircissent pas.

• Peler les mangues et les couper en tranches fines. Réserver dans un bol.

• Laver les concombres et les couper dans le sens de la longueur
avec un économe, pour former des longs rubans.

• Pour l'assaisonnement, combiner le jus de citron, la sauce chili ou le poivron
haché et la ciboulette dans un bocal et bien secouer.

• Badigeonner les filets d'huile d'olive et de jus de citron, saler et poivrer.
Les cuire au barbecue ou à la poêle environ 4 minutes de chaque côté.

• Servir les filets sur une assiette, les couvrir de tranches de mangue,
d'avocat et de concombre et verser l'assaisonnement.
Servir avec du riz basmati ou au jasmin, ou une salade.

Ratatouille

Ne contient pas de produits laitiers, blé, levure, maïs, sucre, œufs, soja, noix et gluten.
Donne 1 l (4 tasses).

ingrédients

1 aubergine, coupée en dés	Sel de mer au goût
1 courgette moyenne, tranchée	5 ml (1 c. à thé) d'origan séché
1 oignon, coupé en dés	1 à 2 gousses d'ail, hachées
1 poivron vert, coupé en dés	Botte de basilic frais ou 10 ml (2 c. à thé) de basilic séché
1 poivron rouge, coupé en dés	Huile d'olive

• Faire revenir l'oignon et l'ail dans un peu d'huile d'olive pendant quelques minutes. Ajouter le reste des légumes avec suffisamment d'huile d'olive pour couvrir le fond de la casserole et pour que les légumes ne brûlent pas.

• Couvrir et laisser mijoter à feu doux pendant environ une heure en remuant de temps en temps. Servir sur des pâtes ou du riz.

Fèves
au four

Ne contient pas de produits laitiers, blé, levure, maïs, sucre, œufs,
soja, noix, solanacées et gluten.

Donne 10 tasses.

ingrédients

500 ml (2 tasses) de petits haricots blancs	125 ml (1/2 tasse) d'huile d'olive
500 ml (2 tasses) de haricots Pinto	125 à 250 ml (1/2 à 1 tasse) de vinaigre de cidre
2 oignons moyens, émincés	ou de jus de pomme biologique
7 ml (1 1/2 c. à thé) de sel de mer	7 ml (1 1/2 c. à thé) de thym séché
10 ml (2 c. à thé) de jus de citron	1 ml (1/4 c. à thé) de poivre noir
10 ml (2 c. à thé) de moutarde sèche ou au miel, si toléré	12 ml (2 1/2 c. à thé) de sarriette des jardins séchée
30 ml (2 c. à soupe) de sirop d'érable	2 à 5 ml (1/2 à 1 c. à thé) de sauge séchée

• Faire tremper les haricots toute la nuit et bien les rincer. Mettre un morceau de kombu,
sinon rincer simplement les haricots plusieurs fois.

• Mettre les haricots dans une casserole, les recouvrir d'eau froide et porter à ébullition. Couvrir
et laisser mijoter pendant environ 1 heure ou jusqu'à ce qu'ils soient tendres. Égoutter.

• Faire revenir les oignons dans un peu d'huile d'olive avec une pincée
de sauge et de sarriette des jardins.

• Placer les haricots, les oignons et tous les autres ingrédients dans une cocotte;
bien remuer. Couvrir et cuire au four 1 à 2 heures, en surveillant régulièrement
et en remuant souvent. Les haricots doivent garder un peu de liquide.
Cuire à 160 à 175 °C (325 à 350 °F) pendant 2 heures, jusqu'à ce qu'ils soient
dorés et crémeux. S'assurer qu'il y a du liquide dans le plat; sinon, ajouter
plus de vinaigre de cidre ou d'huile pour les garder humides.

Remarque — Ne pas ajouter de sel en cuisant les haricots sur la cuisinière car cela allonge
le temps de cuisson. Ajouter toujours le sel à la fin.

Saviez-vous que... — une casserole pleine de haricots est une casserole pleine de nutrition ? Riches en
protéines, calcium, phosphore et fer, les haricots forment un mets délicieux.

Agneau
farci

Ne contient pas de produits laitiers, blé, levure, maïs, sucre, œufs, noix et solanacées.
Sera une recette sans levure si la chapelure n'en contient pas.

Donne 5 portions.

ingrédients

1,5 kg (3 lb) de gigot d'agneau, désossé
2 poireaux, émincés
500 ml (2 tasses) d'épinards, lavés et hachés
25 ml (1/8 tasse) de menthe fraîche, hachée
25 ml (1/8 tasse) de romarin frais, haché

25 ml (1/8 tasse) de thym frais, haché
25 ml (1/8 tasse) de ciboulette fraîche, hachée
250 ml (1 tasse) de chapelure sans blé
10 ml (2 c. à thé) de margarine fondue
Sel de mer et poivre au goût

- Broyer tous les ingrédients, sauf l'agneau, au robot culinaire.

- Demander à votre boucher de désosser et d'ouvrir le gigot.
Farcir le gigot et bien le ficeler.

- Cuire à 175 °C (350 °F) le temps nécessaire selon le poids du rôti
(environ 25 minutes par livre).

Ragoût de bœuf
ou d'agneau facile

Ne contient pas de produits laitiers, blé, levure, maïs, sucre, œufs, soja et noix.

Donne 8 portions.

ingrédients

125 ml (1/2 tasse) de farine d'épeautre	2 pommes de terre ou patates douces, pelées, coupées en dés (facultatif)
2 ml (1/2 c. à thé) de paprika	1 à 2 gousses d'ail, hachées
10 ml (2 c. à thé) de sel de mer	125 ml (1/2 tasse) de haricots verts
Huile d'olive	1 à 2 panais, tranchés
1 gros oignon, coupé en quartiers	2 feuilles de laurier
1/2 navet, coupé en dés	Eau
3 à 4 carottes, tranchées	1 kg (2 lb) de morceaux de bœuf ou d'agneau à ragoût
3 à 4 branches de céleri, tranchées	

- Mélanger la farine d'épeautre, le paprika et le sel. Rouler les morceaux de bœuf dans le mélange et les enrober ensuite d'huile d'olive. Conserver le reste de la farine.

- Placer le bœuf dans une cocotte ou une cocotte en terre. Cuire à découvert à 230 °C (450 °F) pendant 25 minutes afin de roussir légèrement le bœuf de tous les côtés. Remuer souvent. Gratter les côtés du plat pour que le roussi soit au fond. Ajouter les carottes, pommes de terre, navets, panais, haricots verts, céleri et tout autre légume au choix. Ajouter le sel, l'ail et d'autres épices, si désiré. Une feuille de laurier ou du sel d'oignon est délicieux, si toléré.

- Mélanger 500 ml (2 tasses) d'eau au reste du mélange de farine dans lequel le bœuf a été roulé, verser sur le bœuf et les légumes et cuire à 160 °C (325 °F) pendant au moins 2 heures. Remuer une ou deux fois et ajouter de l'eau s'il est trop sec. C'est un excellent mets d'automne ou d'hiver.

L'agneau est délicieux cuit avec du romarin ou de l'origan.

Remarque

Je mélange la farine dans un sac de plastique, j'ajoute le bœuf, ferme et secoue pour bien l'enrober. Pour une recette sans gluten, enrober le bœuf ou l'agneau de fécule de maïs. En utiliser moins que de farine d'épeautre.

Boulettes de viande
à l'ananas

Ne contient pas de produits laitiers, blé, levure, sucre, œufs, noix, solanacées et gluten.

Donne 20 boulettes.

ingrédients boulettes

1 kg (2 lb) de bœuf haché maigre
1 oignon moyen, émincé
2 gousses d'ail, hachées

Sel de mer et poivre au goût
Huile d'olive

Sauce à l'ananas

5 ml (1 c. à thé) de fécule de maïs mélangée
à 15 ml (1 c. à soupe) d'eau froide
1 boîte d'ananas en morceaux, non sucré (398 ml/14 oz)

125 ml (1/2 tasse) de jus d'ananas non sucré
(utiliser simplement le jus de la boîte de l'ananas en morceaux)
75 ml (1/3 tasse) de sauce soja sans blé (tamari)
Miel au goût

Boulettes

• Mélanger le bœuf haché maigre, le sel, le poivre, l'oignon et l'ail dans un bol. Façonner des boulettes et les faire revenir rapidement dans l'huile d'olive en les grillant de tous les côtés.

• Retirer et mettre dans une cocotte en terre ou une casserole.
Ajouter la sauce à l'ananas et cuire lentement à 160 °C (325 °F) pendant 45 minutes.

• Servir avec du riz ou des pâtes.

Sauce à l'ananas

• Mélanger la fécule de maïs avec le jus d'ananas;
ajouter le reste des ingrédients et ajouter aux boulettes.

Remarque

On peut remplacer la fécule de maïs par de la poudre d'arrow-root ou de la farine de tapioca pour épaissir.

Bœuf sauté
enveloppé dans des feuilles de laitue

Ne contient pas de produits laitiers, blé, levure, maïs, sucre, œufs, soja, noix et gluten.

Donne 2 portions.

ingrédients

0,7 kg (1,5 lb) de bifteck d'aloyau,
coupé en petites lanières
1 à 2 gousses d'ail, hachées
5 à 10 ml (1 à 2 c. à thé) de gingembre frais, râpé
1 oignon moyen, coupé en dés
2 carottes, coupées en dés

2 à 3 branches de céleri, coupées en dés
Poivron rouge ou vert, coupé en dés (facultatif)
Huile d'olive
Laitue iceberg ou romaine
Germes de haricots
Huile de sésame grillée

- Utiliser les feuilles des couches externes de la laitue. Laver et égoutter.

- Couvrir le fond d'un wok d'huile d'olive. Faire revenir les lanières de bœuf avec l'ail à feu vif. Ne pas cuire complètement. Retirer la viande et la placer dans un bol. Faire revenir les oignons dans l'huile restante; le jus de viande les fera dorer et leur donnera plus de saveur. Ajouter les carottes, les poivrons, la courgette ou n'importe quel autre légume coupé en dés et faire revenir jusqu'à ce qu'ils soient presque tendres. (Je les préfère un peu craquants; ça va donc plus vite.) Quand on cuit au wok, on doit remuer sans interruption pour que les aliments ne brûlent pas. Ajouter le bœuf, le sauter, puis le gingembre, le céleri et les germes. On peut aussi mettre quelques gouttes d'huile de sésame grillée, pour sa délicieuse saveur.

- Verser le mélange sur les feuilles de laitue, rouler et déguster.

Remarque

Utiliser du bifteck de bison qui est riche en fer et faible en gras.

Saviez-vous que...

il y a des centaines de variétés de laitues dans le monde et qu'elles sont riches en calcium, fer et vitamines A et C?

Pain de viande
de caribou

Ne contient pas de produits laitiers, blé, levure, maïs, sucre, œufs, soja, noix et solanacées.

Donne 1 pain ou 4 portions.

ingrédients

0,5 à 0,7 kg (1 à 1,5 lb) de viande de caribou hachée
50 ml (1/4 tasse) de flocons d'avoine
Huile d'olive
2 gousses d'ail, hachées
1 petit oignon, Vidalia si possible, haché

1 pomme biologique, McIntosh ou Spartan, coupée en dés
5 ml (1 c. à thé) d'origan séché
5 ml (1 c. à thé) de sel
5 ml (1 c. à thé) de poivre

• Couvrir le fond d'une poêle d'huile d'olive et caraméliser l'oignon avec l'ail haché. Ajouter ensuite la pomme, l'origan, le sel et le poivre. Cuire quelques minutes, puis retirer du feu et laisser refroidir.

• Mélanger le caribou haché et les flocons d'avoine dans un bol. Incorporer le mélange d'oignon et de pomme et bien mélanger.

• Placer le mélange de viande dans un moule pour pain de viande et laisser reposer deux heures au réfrigérateur. (Je fais mon pain de viande le matin et le laisse reposer toute la journée; cela semble rehausser les saveurs.)

• Cuire le pain de viande environ 1 heure à 175 à 190 °C (350 à 375 °F). Découper et déguster. Servir avec un chutney.

Remarque

On peut utiliser du caribou, de la venaison, du bison ou du bœuf pour ce pain de viande.

Photo : Pain de viande de caribou et chutney

Chutney

Ne contient pas de produits laitiers, blé, levure, maïs, sucre, œufs, soja, noix, solanacées et gluten.

Donne 250 ml (1 tasse).

ingrédients

1 pomme McIntosh, coupée en dés
Le quart d'un oignon, Vidalia si possible (ils ont une saveur tellement délicieuse), coupé en dés
30 ml (2 c. à soupe) de jus de pomme biologique

15 ml (1 c. à soupe) de gingembre frais, râpé
1 petite gousse d'ail, hachée (facultatif)
125 ml (1/2 tasse) de bleuets

• Caraméliser l'oignon dans du jus de pomme, puis ajouter les dés de pomme, le gingembre et les bleuets. Mélanger et ajouter un peu plus de jus de pomme si trop sec.

• (On peut aussi ajouter des noix, mais je l'aime bien sans.)

• Napper sur le pain de viande (voir recette p. précédente).

Poulet
tout simple

Ne contient pas de produits laitiers, blé, levure, maïs, sucre, œufs, soja, noix et gluten.

Donne 2 portions.

ingrédients

2 grosses poitrines ou cuisses d'un poulet élevé au grain
ou biologique, surgelées, avec la peau
2 oignons moyens, coupés en quartiers
1 poivron rouge, coupé en quartiers

1 poivron vert, coupé en quartiers
Sel de mer et poivre au goût
Huile d'olive

• Badigeonner le fond d'un plat en verre allant au four d'huile d'olive
pour que le poulet ne brûle ni ne colle.

• Mettre le poulet surgelé, l'oignon, le poivron, le sel et le poivre dans le plat.
Recouvrir de papier d'aluminium et enfourner à 200 °C (400 °F) pendant
1 heure ou jusqu'à cuisson complète.

Cuire le poulet alors qu'il est encore surgelé donnera un jus délicieux; en plus,
c'est rapide car on n'a pas besoin d'attendre qu'il soit décongelé.

Enlever le papier d'aluminium à la fin pour faire dorer la peau, si désiré.

Servir avec des légumes vapeur et une salade, et voilà!

Poulet
aigre-doux

Ne contient pas de produits laitiers, blé, levure, maïs, sucre, œufs, soja, noix et gluten.

Donne 2 portions.

ingrédients

2 poitrines de poulet désossées, sans peau,
et coupées en petits morceaux
1 oignon, haché

250 ml (1 tasse) de céleri, haché
250 ml (1 tasse) de carottes, hachées
1/2 poivron rouge, haché

Sauce

250 ml (1 tasse) de jus d'ananas non sucré
15 ml (1 c. à soupe) de vinaigre de cidre
15 ml (1 c. à soupe) de poudre d'arrow-root ou fécule de maïs

50 ml (1/4 tasse) d'eau
Huile d'olive
15 ml (1 c. à soupe) de concentré de tomate (facultatif)

• Couvrir le fond d'une poêle d'huile d'olive et cuire le poulet à feu doux ou moyen, en remuant fréquemment pendant environ 10 minutes. Réserver.

• Faire revenir l'oignon quelques minutes dans un peu d'huile d'olive, d'eau ou de bouillon de légumes. Ajouter le céleri, les carottes, le poivron rouge puis l'eau et cuire à feu moyen pendant 10 minutes. Ajouter ensuite les morceaux de poulet.

• Mélanger les ingrédients de la sauce dans un bol séparé et verser sur le poulet; ajouter les légumes et laisser mijoter quelques minutes.

• Servir avec une salade mixte ou des légumes vapeur.

Tourtière
végétarienne

Ne contient pas de produits laitiers, blé, levure, maïs, sucre, œufs, soja, noix et solanacées.

Cette recette donne 3 tourtières qui se conservent bien au congélateur.

ingrédients croûte

1,5 l (6 tasses) de farine d'épeautre	325 ml (1 1/3 tasse) d'huile
10 ml (2 c. à thé) de sel de mer	250 ml (1 tasse) d'eau très chaude

• Placer les ingrédients secs dans un bol à mélanger et les faire gonfler au fouet. Ajouter les ingrédients humides et remuer à la fourchette. Cette recette donne une pâte très grasse suffisante pour trois tourtières. Diviser la pâte en 6 boules égales. L'aplatir au rouleau entre des feuilles de papier ciré.

• Étaler les abaisses au fond des plats, ajouter la garniture et couvrir avec la 2e abaisse.

ingrédients garniture

4 gros oignons, coupés en dés	3 ml (3/4 c. à thé) de clou de girofle
7 gousses d'ail, hachées	3 ml (3/4 c. à thé) de cannelle
125 ml (1/2 tasse) d'huile d'olive (ou suffisamment	3 ml (3/4 c. à thé) de noix de muscade
pour couvrir généreusement le fond de la casserole)	3 ml (3/4 c. à thé) de poivre noir
125 ml (1/2 tasse) de farine d'épeautre	15 ml (1 c. à soupe) de sel de mer
45 ml (3 c. à soupe) de sarriette des jardins	375 ml (1 1/2 tasse) d'eau chaude
3 ml (3/4 c. à thé) de piment de la Jamaïque	

Céréales cuites

500 ml (2 tasses) de riz brun cuit	1 l (4 tasses) de fèves cuites
500 ml (2 tasses) de millet cuit	(les haricots Pinto vont bien dans cette recette; les écraser un peu)
500 ml (2 tasses) d'orge cuit	

• Faire revenir les oignons et l'ail dans un peu d'huile d'olive dans une grande casserole jusqu'à ce qu'ils soient transparents. Ajouter ensuite la farine d'épeautre et continuer à cuire pendant 2 minutes à feu moyen en remuant constamment. Ajouter l'eau, les herbes et le sel de mer. Remuer jusqu'à épaississement du mélange.

• Éteindre le feu et ajouter les céréales cuites et les fèves écrasées. Bien mélanger puis remplir les croûtes. Recouvrir de la 2e croûte, bien sceller les deux abaisses et faire quelques entailles au couteau et cuire au four à 175 °C (350 °F) pendant 45 minutes.

Feuilles de vigne
farcies

Ne contient pas de produits laitiers, blé, levure, maïs, sucre, œufs,
soja, noix, solanacées et gluten.

Donne 20 feuilles de vigne.

ingrédients

1 petit bocal de feuilles de vigne
1 oignon moyen, dont une moitié hachée
1 poireau, émincé
12 pois mange-tout, hachés
250 ml (1 tasse) de riz brun, cuit
125 ml (1/2 tasse) de carottes, finement hachées
2 gousses d'ail, hachées

1 citron, pressé
Huile d'olive
250 ml (1 tasse) de lentilles brunes
5 ml (1 c. à thé) de sarriette des jardins séchée
2 feuilles de laurier
Sel de mer au goût

• Mettre les lentilles dans une casserole d'eau avec la moitié d'un oignon, 2 feuilles de laurier et une pincée de sarriette. Les faire cuire jusqu'à ce qu'elles soient tendres, soit environ 20 minutes. Enlever les feuilles de laurier et l'oignon, puis passer les lentilles et le liquide au mélangeur ou au robot culinaire jusqu'à l'obtention de la consistance d'une sauce. Réserver.

• Faire revenir l'oignon, les carottes, le poireau et l'ail dans l'huile d'olive pendant 3 minutes. À la fin de la cuisson, ajouter le riz cuit, les pois mange-tout, le sel et le jus de citron.

• Étaler les feuilles de vigne sur une assiette et mettre une petite quantité du mélange de riz sur chacune. Rouler les feuilles et les placer sur un plat en verre de 23 x 33 cm (9 x 13 po) légèrement graissé. Couvrir avec le mélange aux lentilles.

• Cuire à 175 °C (350 °F) pendant 20 minutes environ.
Ne pas faire cuire trop longtemps pour ne pas les dessécher.

Collations
et

Collations et tartinades

Délicieuse trempette aux lentilles rouges ... 180

Houmous à l'ancienne ... 182

Trempette aux haricots blancs ... 184

Frites maison ... 186

Tartinade aux pois chiches ... 187

Tartinade au panais ... 188

Trempette d'aubergine ou sauce pour pâtes ... 189

Craquelins au sésame ... 190

Pâté végétarien ... 192

Mélange à grignoter ... 193

Barres tendres ... 194

Pâté aux patates douces ... 196

Pain à la carotte ... 198

Pizza ... 200

tartinades

Délicieuse trempette
aux lentilles rouges

Ne contient pas de produits laitiers, blé, levure, maïs, sucre, œufs, soja, noix, solanacées et gluten.

Donne 750 ml (3 tasses).

ingrédients

250 ml (1 tasse) de lentilles rouges biologiques
1 oignon biologique moyen, haché
2 feuilles de laurier
2 à 3 gousses d'ail, hachées
1/2 citron, pressé

7 ml (1 1/2 c. à thé) d'estragon séché
2 ml (1/2 c. à thé) de sel de mer
750 ml (3 tasses) d'eau
Poivre au goût

C'est une trempette toute simple, très nutritive et très facile à faire au robot culinaire.

- Laver les lentilles et enlever les corps étrangers.

- Porter 3 tasses (750 ml) d'eau à ébullition et ajouter les lentilles, l'oignon haché et les feuilles de laurier.

- Reporter à ébullition, puis réduire le feu et laisser mijoter pendant 20 minutes ou jusqu'à ce que les lentilles soient tendres. Égoutter et jeter les feuilles de laurier.

- Passer les lentilles au mélangeur ou au robot culinaire avec l'ail, le jus de citron, l'estragon, le sel et le poivre et réduire en purée lisse.

- Verser dans un bol et réfrigérer.

- Servir avec des légumes coupés, des craquelins de riz ou des croustilles... Une délicieuse trempette !

Houmous
à l'ancienne

Ne contient pas de produits laitiers, blé, levure, maïs, sucre, œufs, soja, noix, solanacées et gluten. Si on met le poivron rouge rôti, la recette contiendra des solanacées.

Donne 500 ml (2 tasses).

ingrédients

1 boîte de pois chiches (398 ml/14 oz)
1 gousse d'ail, hachée
Jus d'un citron
30 ml (2 c. à soupe) de tahini

45 à 75 ml (3 à 5 c. à soupe) d'huile d'olive
2 ml (1/2 c. à thé) de cumin
1 poivron rouge (facultatif)

- Couper le poivron en deux, nettoyer l'intérieur, le placer à plat sur une plaque à cuisson et le faire griller au four sous le gril jusqu'à ce que la peau soit noire. Laisser refroidir dans un sac en papier ou couvrir d'un torchon puis enlever la peau.

- Mélanger tous les ingrédients au robot culinaire jusqu'à consistance lisse. Si le mélange est trop épais, ajouter plus d'huile d'olive ou de jus de citron.

- On peut faire cuire les pois chiches de zéro (voir, p. 35). Je n'aimais pas l'houmous, mais depuis que j'ajoute du poivron rouge rôti, ce qui lui donne une saveur délicieuse, je l'adore. À essayer avec des craquelins de riz ou des légumes crus.

Trempette
aux haricots blancs

Ne contient pas de produits laitiers, blé, levure, maïs, sucre, œufs, soja, noix, solanacées et gluten. Omettre le paprika pour une recette sans solanacées.

Donne 500 ml (2 tasses).

ingrédients

1 boîte de haricots de Lima (398 ml/14 oz)
15 ml (1 c. à soupe) de moutarde sèche
1 petite gousse d'ail, hachée
30 ml (2 c. à soupe) de jus de citron frais

50 ml (1/4 tasse) d'huile d'olive ou de graines de lin
45 ml (3 c. à soupe) de persil frais, haché
Paprika (facultatif)
Sel de mer au goût

Certaines personnes n'aiment pas les haricots de Lima, mais je leur conseille d'essayer cette recette. Je ne les aime pas seuls, mais cette trempette est irrésistible.

- Mettre les haricots rincés et égouttés au robot culinaire avec le reste des ingrédients.

- Bien mélanger, puis verser dans un bol.

Si on utilise de l'huile de lin, il faut consommer la trempette dans la journée.
Avec de l'huile d'olive, elle se gardera au réfrigérateur quelques jours.
Saupoudrer d'une pincée de paprika, si désiré.
Servir avec des légumes crus ou des craquelins de riz.

Remarque

Mon ami dit que cette trempette a un goût
de revenez-y !

Frites
maison

Ne contient pas de produits laitiers, blé, levure, maïs, sucre, œufs, soja, noix et gluten.

Donne 1 portion.

ingrédients

Pommes de terre	Sel de mer
Huile d'olive	

• Laver, peler et couper les pommes de terre en bâtonnets épais.
Je compte généralement 2 grosses pommes de terre par personne.

• Rincer les pommes de terre coupées à l'eau froide et bien les sécher.

• Les placer sur une plaque à cuisson bien huilée et les saupoudrer d'un peu d'huile
pour qu'elles ne collent pas. On peut aussi les mettre dans un sac avec un
peu d'huile et bien secouer. On utilisera alors moins d'huile.

• Cuire au four à 200 °C (400 °F) de 30 à 40 minutes, en les retournant
souvent avec une spatule.

• Saupoudrer de sel de mer et de jus de citron et déguster.

Les patates douces sont également délicieuses en frites.

Tartinade
aux pois chiches

Ne contient pas de produits laitiers, blé, levure, maïs, sucre, œufs, soja, noix, solanacées et gluten.

Donne 500 ml (2 tasses).

ingrédients

1 boîte de pois chiches, rincés, égouttés (398 ml/14 oz)
2 oignons verts, hachés
1 gousse d'ail, hachée
30 ml (2 c. à soupe) de jus de citron
125 ml (1/2 tasse) d'huile d'olive

125 ml (1/2 tasse) de persil, haché
2 ml (1/2 c. à thé) de basilic séché ou
15 ml (1 c. à soupe) de basilic frais
50 ml (1/4 tasse) de graines de sésame

- Mixer tous les ingrédients au mélangeur ou au robot culinaire à faible vitesse. Si le mélange est trop épais, ajouter de l'eau.
- Refroidir et servir avec des légumes.

Remarque

Bien laver le persil car, quand il est frais, il est parfois plein de saletés. Bien le sécher et le mettre dans un bol. Couper le persil très finement avec des ciseaux ou le hacher au mélangeur ou au robot.

Tartinade
au panais

Ne contient pas de produits laitiers, blé, levure, maïs, sucre, œufs, solanacées et gluten.

Donne 750 ml (3 tasses).

ingrédients

250 ml (1 tasse) de panais, pelé, lavé et tranché
125 ml (1/2 tasse) de noix de cajou crues
250 ml (1 tasse) de millet cuit
125 ml (1/2 tasse) de tofu écrasé
125 ml (1/2 tasse) d'oignon, émincé
5 ml (1 c. à thé) de basilic
30 ml (2 c. à soupe) de persil frais, haché

125 ml (1/2 tasse) de céleri, haché
30 ml (2 c. à soupe) d'eau (de la cuisson du panais)
22 ml (1 1/2 c. à soupe) de tamari sans blé
15 ml (1 c. à soupe) d'huile d'olive
1 ml (1/4 c. à thé) de sel de mer
1 poire (facultatif)

- Cuire le panais dans une petite quantité d'eau jusqu'à ce qu'il soit tendre. Égoutter, mais réserver l'eau de cuisson. Écraser le panais avec un peu de cette eau.

- Moudre très finement les noix de cajou au mélangeur ou au robot culinaire. Ajouter le reste des ingrédients et bien mélanger jusqu'à obtenir une pâte lisse.

- Verser dans un bol.

- Garnir de persil et servir avec des craquelins ou des légumes.

Trempette d'aubergine
ou sauce pour pâtes

Ne contient pas de produits laitiers, blé, levure, maïs, sucre, œufs, soja, noix et gluten.
Donne 750 ml (3 tasses).

ingrédients

1 petit oignon rouge, coupé en dés
2 gousses d'ail, hachées
1 aubergine moyenne, hachée
125 ml (1/2 tasse) d'eau
50 ml (1/4 tasse) d'huile d'olive

50 ml (1/4 tasse) de jus de citron
30 ml (2 c. à soupe) de basilic frais, haché
ou 15 ml (1 c. à soupe) de basilic séché
30 ml (2 c. à soupe) de graines de sésame

• Faire revenir l'oignon et l'ail dans un peu d'huile d'olive.
Ajouter l'aubergine hachée, l'eau et un peu plus d'huile.

• Couvrir et laisser mijoter pendant 10 minutes.

• Incorporer le reste des ingrédients et réduire en purée au robot culinaire.
Réfrigérer.

Remarque

Chaque automne, j'achète des aubergines, des oignons et du basilic frais au marché et je me demande ce que je vais faire avec les aubergines ? Eh bien, voilà. Cette recette donne une belle trempette pour accompagner des craquelins et des légumes crus. De plus, elle peut se transformer en sauce en ajoutant simplement un peu plus d'eau. Je l'adore sur des pâtes au kamut ou au riz.

Craquelins
au sésame

Ne contient pas de produits laitiers, blé, levure, maïs, sucre, œufs, soja, noix et solanacées.

Couvre une petite plaque à cuisson ou à pizza.

ingrédients

125 ml (1/2 tasse) d'eau chaude
75 ml (1/3 tasse) d'huile de tournesol ou de carthame
2 à 5 ml (1/2 à 1 c. à thé) de sel aux herbes ou de sel de mer
425 ml (1 3/4 tasse) de farine d'avoine

50 ml (1/4 tasse) de son d'avoine
125 ml (1/2 tasse) de graines de sésame
15 ml (1 c. à soupe) de graines de lin

Les craquelins de riz sont les seuls dans le commerce que je puisse manger;
tous les autres contiennent des ingrédients auxquels je suis allergique;
donc ceux-ci représentent un bon changement.

∙ Mélanger l'eau, l'huile et le sel au robot culinaire.
Ajouter les graines de sésame, la farine et le son d'avoine et mélanger.

∙ Placer le mélange dans un bol et pétrir un peu la pâte à la main; laisser reposer
20 minutes couvert d'une petite serviette dans un endroit chaud. On peut aussi chauffer
le four à 65 °C (150 °F), puis l'éteindre et y mettre le bol pendant 20 minutes.

∙ Étaler sur une plaque à cuisson ou à pizza.

∙ Saupoudrer d'un peu plus de sel aux herbes et enfourner à 175 °C (350 °F)
de 20 à 25 minutes. Refroidir, puis casser en morceaux.

∙ Ces craquelins accompagnent toutes les trempettes ou tartinades
proposées dans ce livre ou avec de la purée d'avocat.

Remarque
On peut remplacer le son d'avoine par du germe de blé ou de maïs.

Pâté
végétarien

Ne contient pas de produits laitiers, blé, levure, maïs, sucre, œufs, soja et noix.
Sera une recette sans gluten si on remplace la farine d'épeautre par de la farine de riz.

Donne 1 pain.

ingrédients

250 ml (1 tasse) de graines de tournesol biologiques crues décortiquées	125 à 250 ml (1/2 à 1 tasse) d'eau chaude
125 ml (1/2 tasse) de farine d'épeautre	10 ml (2 c. à thé) de sel de mer
1 gros oignon, coupé en dés	2 ml (1/2 c. à thé) de thym
50 ml (1/4 tasse) d'huile de tournesol ou de carthame	10 ml (2 c. à thé) de basilic
30 ml (2 c. à soupe) de jus de citron	2 ml (1/2 c. à thé) de poivre noir
1 pomme de terre moyenne, pelée, coupée en dés	2 ml (1/2 c. à thé) de sauge

Passer les graines de tournesol au robot culinaire pour obtenir une mouture assez fine.
Ajouter le reste des ingrédients sauf l'eau. Ajouter l'eau doucement pour que le mélange ne soit pas trop liquide; on n'a pas forcément besoin de toute l'eau.
Bien mélanger et verser dans un moule à pain.

Cuire au four à 175 °C (350 °F) 1 heure.
Laisser refroidir dans le moule avant de servir.

C'est un pâté délicieux sur des craquelins ou avec une simple salade pour un déjeuner rapide.

Mélange
à grignoter

Ne contient pas de produits laitiers, blé, levure, maïs, sucre, œufs, soja, solanacées et gluten.

Donne 1 portion.

ingrédients

Noix	Graines

Un mélange à grignoter peut être fait avec n'importe quelles noix ou graines grillées à la maison, telles qu'amandes, noisettes, noix de cajou, graines de tournesol et graines de citrouille.

- Pour les griller à sec, utiliser une poêle en fonte. Remuer fréquemment jusqu'à ce qu'elles soient dorées.

- On peut également faire griller les noix à sec au four à 175 °C (350 °F) pendant 10 minutes, puis les remuer et les griller encore 5 minutes. Laisser refroidir. Se conserve au moins une semaine au réfrigérateur dans un bocal en verre.

- On peut aussi acheter les noix ou graines crues dans un magasin d'alimentation naturelle et les manger quand on a un petit creux.

Idéal pour les collations d'après-midi au lieu d'une barre de chocolat.

Barres tendres

Ne contient pas de produits laitiers, blé, levure, maïs, sucre, œufs, soja, solanacées et gluten.

Couvre 1 plaque.

ingrédients

500 ml (2 tasses) de céréales croustillantes au riz brun
ou de riz soufflé
175 ml (3/4 tasse) de sirop de riz brun ou du malt d'orge
175 ml (3/4 tasse) de raisins

175 ml (3/4 tasse) de beurre d'arachide croquant
ou d'arachides
175 ml (3/4 tasse) de graines de tournesol
125 ml (1/2 tasse) de pépitas (graines de citrouille)

La céréale croustillante au riz brun est la meilleure option santé pour remplacer les Rice Krispies™ car elle n'a ni sucre ajouté ni additifs. Elle est disponible dans les magasins d'alimentation naturelle.

- Chauffer sans bouillir le sirop de riz et le beurre d'arachide dans une casserole. Si on utilise des arachides au lieu du beurre d'arachide, chauffer seulement le sirop.

- Placer tous les autres ingrédients dans un bol. Verser le sirop de riz chaud et mélanger.

- Recouvrir une plaque à cuisson carrée de 20 cm (8 po) de papier ciré ou sulfurisé. Étaler le mélange avec les mains mouillées ou une spatule. Laisser durcir au réfrigérateur environ 30 minutes.

- Couper en carrés et déguster.

Remarque

On peut ajouter des graines comme les graines de sésame ou de lin. On peut aussi utiliser du riz soufflé, du millet soufflé ou du quinoa soufflé. Pour éviter le gluten, utiliser du sirop de riz, pas du malt d'orge.

Pâté
aux patates douces

Ne contient pas de produits laitiers, blé, levure, maïs, sucre, œufs, soja, noix et gluten.
Pour une recette sans solanacées, utiliser seulement des patates douces.

Donne 1 pain.

ingrédients

500 ml (2 tasses) de graines de tournesol crues, grillées
1 patate douce
1 pomme de terre blanche
1 oignon, émincé et sauté dans l'huile d'olive avec de l'ail
2 à 3 gousses d'ail, hachées
5 ml (1 c. à thé) de sel de mer

5 ml (1 c. à thé) de sarriette
5 ml (1 c. à thé) de thym
45 ml (3 c. à soupe) d'huile d'olive (facultatif)
1 carotte, pelée
1 branche de céleri, coupée en dés
500 ml (2 tasses) d'eau

- Couper la pomme de terre et la patate douce et les cuire
dans 2 tasses d'eau; garder l'eau de cuisson.

- Rôtir les graines de tournesol en les faisant griller à sec à feu doux-moyen
dans une poêle en fonte jusqu'à ce qu'elles soient dorées.
Remuer continuellement pour qu'elles ne brûlent pas.

- Passer les graines de tournesol grillées au robot culinaire pour les moudre finement.

- Essuyer la poêle et faire revenir l'oignon dans l'huile d'olive, avec l'ail haché,
la sarriette et le thym. Ajouter la carotte râpée, les dés de céleri
ou de la courgette. Ne pas cuire trop longtemps
pour que la carotte, le céleri et la courgette restent croustillants.

- Écraser les pommes de terre avec un peu d'eau de cuisson ou de l'huile, au besoin.
Ajouter les graines de tournesol moulues, le sel, l'oignon cuit et les légumes.
Si le mélange est sec, ajouter encore un peu d'eau de cuisson des pommes de terre.

- Bien mélanger, mettre dans un moule à pain et cuire au four à 175 °C (350 °F)
environ 1 heure ou jusqu'à ce qu'il soit doré.

- Laisser refroidir dans le moule et réfrigérer. Retirer du moule et trancher.

Délicieux sur des craquelins de riz, des légumes, du pain grillé ou avec une salade.

- Envelopper en morceaux dans de la pellicule plastique élastique
et garder congeler pour plus de 3 jours.

Pain
à la carotte

Ne contient pas de produits laitiers, blé, levure, maïs, sucre, soja et gluten.

Donne 1 portion.

ingrédients

375 ml (1 1/2 tasse) de riz brun, cuit
375 ml (1 1/2 tasse) de noix de cajou ou de noix, moulues
500 ml (2 tasses) de carottes, râpées
1 oignon moyen, émincé
50 ml (1/4 tasse) de poivron vert, finement haché
50 ml (1/4 tasse) de céleri, finement haché
10 ml (2 c. à thé) de gingembre frais moulu

10 ml (2 c. à thé) de jus de citron
30 ml (2 c. à soupe) de persil, finement haché
1 œuf ou substitut d'œuf (utiliser des graines de lin
ou voir la section *Substituts aux aliments courants*, p. 25)

• Moudre les noix très finement, ajouter tous les ingrédients et bien mélanger.

• Mettre dans un moule à pain et cuire au four à 175 °C (350 °F)
environ 30 minutes, jusqu'à ce qu'il soit ferme.

• Laisser refroidir, couper en tranches et servir avec une salade
ou des légumes cuits à la vapeur.

Remarque

J'utilise des restes de riz dans cette recette.
Si j'en fais cuire pour un repas, j'en prépare
toujours 1 tasse de plus pour en avoir déjà
sous la main. Je préfère utiliser des noix
de cajou grillées non salées à la place des
noix de cajou crues.

Pizza

Ne contient pas de produits laitiers, blé, levure, maïs, sucre, œufs, soja, noix et gluten.

Donne 1 portion.

ingrédients base

175 ml (3/4 tasse) de farine de sarrasin
175 ml (3/4 tasse) de farine de riz brun
2 ml (1/2 c. à thé) de bicarbonate de sodium

5 ml (1 c. à thé) de crème de tartre
125 à 175 ml (1/2 à 3/4 tasse) d'eau

Garniture

Sauce pour pâtes (voir la remarque)
1 oignon, tranché

1 poivron rouge, tranché
1 courgette, tranchée

Base

- Mélanger les ingrédients secs.
- Ajouter l'eau et mélanger à la fourchette.
- Étendre sur une plaque à pizza légèrement graissée.

Garniture

- Étaler la sauce pour pâtes sur la base.
- Faire revenir et dorer l'oignon dans l'huile. Ajouter les tranches de poivron rouge et de courgette sur la sauce tomate. Cuire au four à 175 °C (350 °F) de 30 à 40 minutes. On peut aussi ajouter des champignons, des olives ou d'autres légumes.

Remarque

J'achète un bocal de sauce pour pâtes biologique aux tomates et au basilic dans un magasin d'alimentation naturelle.

Desserts

Muffins aux bleuets ... 204

Muffins au beurre d'arachide et aux bananes ... 206

Compote de pommes maison de maman ... 206

Flan aux pommes ... 208

Muffins aux bananes ... 209

Dessert aux patates douces ... 210

Barres aux fruits et aux noix ... 212

Muffins aux bleuets et aux bananes ... 212

Biscotti aux amandes et au citron ... 214

Biscuits au pain d'épice ... 216

Muffins aux pommes et aux noix ... 216

Biscuits aux bananes et aux dattes ... 218

Faux brownies ... 219

Glaçage pour faux brownie ... 219

Gâteau d'anniversaire ... 220

Pain aux canneberges ... 222

Mousse aux fruits ... 224

Tarte à la caroube et aux bananes ... 226

Glaçage à la caroube et au tahini ... 228

Glaçage aux dattes et à la caroube ... 228

Muffins aux carottes et aux dattes ... 229

Gâteries de Noël ... 230

Biscuits à l'orange et au tef ... 232

Croustade aux pommes ... 234

Glace aux fraises et au chanvre ... 235

Biscuits au tef et au beurre d'arachide ... 236

Flan à l'orge ... 238

Glace à la caroube, aux bananes et au chanvre ... 238

Biscuits à la farine d'avoine ... 240

Biscuits à la lime et à la noix de coco ... 241

Petites meules aux carottes ... 242

Muffins
aux bleuets

Ne contient pas de produits laitiers, blé, levure, maïs, sucre, œufs, soja, noix et solanacées.

Donne 12 muffins.

ingrédients

500 ml (2 tasses) de farine d'épeautre (ou 125 ml [1 tasse] de farine d'épeautre avec 175 ml [3/4 tasse] de farine de riz brun)
10 ml (2 c. à thé) de levure chimique
15 à 30 ml (1 à 2 c. à soupe) de sirop d'érable ou de miel ou d'un substitut avec 1 ml (1/4 c. à thé) de stevia
5 ml (1 c. à thé) de graines de pavot
Pincée de sel de mer
250 ml (1 tasse) de lait de riz ou de soja

60 ml (4 c. à soupe) de margarine ou de beurre, fondu
1 œuf ou un substitut d'œuf. J'utilise des graines de lin. (voir p. 26)
Écorce d'un citron biologique ou plus, si désiré
Jus d'un citron
250 ml (1 tasse) de bleuets biologiques frais ou surgelés, décongelés et égouttés

- Combiner la farine, la levure chimique, les graines de pavot et le sel dans un grand bol et remuer. Ajouter le reste des ingrédients sauf les bleuets et remuer jusqu'à l'obtention d'une pâte humide. Incorporer les bleuets.

- Verser la pâte dans les moules légèrement huilés en les remplissant aux trois quarts. Cuire au four à 190 °C (375 °F) de 20 à 25 minutes environ ou jusqu'à ce que les muffins soient dorés.

On peut les déguster toute l'année grâce aux bleuets surgelés, mais ils seront particulièrement bons en été avec des bleuets frais.

Remarque

Voir la section *Substituts aux aliments courants* (p. 25) au sujet du stevia et de son utilisation. Les farines d'épeautre et de kamut vont bien dans cette recette.

Muffins au beurre d'arachide
et aux bananes

Ne contient pas de produits laitiers, blé, levure, sucre, œufs, soja, solanacées et gluten.

Donne 12 muffins.

ingrédients

3 bananes, écrasées	50 ml (1/4 tasse) de farine d'arrow-root
50 ml (1/4 tasse) d'eau	50 ml (1/4 tasse) de farine de tapioca
125 ml (1/2 tasse) d'huile de carthame	50 ml (1/4 tasse) de fécule de pomme de terre
250 ml (1 tasse) de beurre d'arachide croquant	125 ml (1/2 tasse) de farine de riz brun
50 ml (1/4 tasse) de sirop d'érable	10 ml (2 c. à thé) de bicarbonate de sodium
175 ml (3/4 tasse) de farine de pois chiche	5 ml (1 c. à thé) de gomme de xanthane

- Écraser les bananes dans un bol avec l'eau et l'huile. Incorporer le beurre d'arachide et le sirop d'érable. Ajouter les farines et bien mélanger.

- Verser dans des moules à muffins légèrement huilé et cuire au four à 175 °C (350 °F) pendant 30 minutes.

Compote de pommes maison
de maman

Ne contient pas de produits laitiers, blé, levure, maïs, sucre, œufs, soja, noix, solanacées et gluten.

Donne 1 l (4 tasses).

ingrédients

12 pommes biologiques	Eau

- Laver, évider et couper les pommes en petits morceaux. Laisser la peau si les pommes sont biologiques. Cuire dans une cocotte avec assez d'eau pour qu'elles ne collent pas au fond. Porter à ébullition et laisser mijoter jusqu'à ce que les pommes soient bien ramollies.

Si on laisse la peau et qu'on utilise des pommes rouges, la compote aura une jolie couleur rose.

- Passer à la passoire ou au mélangeur pour écraser la peau. On peut aussi ajouter une pincée de cannelle ou du sirop d'érable, mais elle est délicieuse nature.

Photo : Muffins au beurre d'arachide et aux bananes

Flan
aux pommes

Ne contient pas de produits laitiers, blé, levure, maïs, sucre, œufs, soja, noix et solanacées.

Donne 1 l (4 tasses).

ingrédients

3 pommes biologiques
50 ml (1/4 tasse) de flocons d'avoine
175 ml (3/4 tasse) de jus de pomme biologique
125 ml (1/2 tasse) d'eau

125 ml (1/2 tasse) de riz brun, cuit
1 ml (1/4 c. à thé) de cannelle
15 ml (1 c. à soupe) de sirop de riz ou de sirop d'érable
Pincée de noix de muscade

• Évider et trancher les pommes.

• Mélanger tous les ingrédients dans une cocotte et porter à ébullition.
Couvrir et laisser mijoter pendant 20 minutes.

• Écraser doucement les pommes cuites au mélangeur ou au robot culinaire avec une autre pincée de cannelle et de noix de muscade, pour obtenir une jolie consistance de flan.

• Servir recouvert de noix ou de graines grillées.

Remarque

Le préparer juste avant le dîner car, une fois au réfrigérateur, il fait des grumeaux à cause du riz. Le réchauffer sur la cuisinière ou au micro-ondes s'il est fait la veille. Les flocons de kamut ou d'orge remplacent très bien l'avoine dans cette recette.

Saviez-vous que...

il y a plus d'un millier de variétés de pommes et que leurs couleurs vont du jaune au vert et au rouge cramoisi ?

Muffins
aux bananes

Ne contient pas de produits laitiers, blé, levure, maïs, sucre, œufs, soja, noix et solanacées.

Donne 12 muffins. Ces muffins se congèlent bien.

ingrédients

500 ml (2 tasses) de farine d'épeautre
10 ml (2 c. à thé) de bicarbonate de sodium
2 ml (1/2 c. à thé) de cristaux de vitamine C
1 ml (1/4 c. à thé) de gomme de guar
7 ml (1 1/2 c. à thé) de cannelle
4 grosses bananes mûres écrasées avec

50 à 125 ml (1/4 à 1/2 tasse) d'eau
50 ml (1/4 tasse) d'huile de carthame
15 ml (1 c. à soupe) de sirop d'érable
6 grosses dattes medjool, hachées ou
125 ml (1/2 tasse) de copeaux de caroube ou
125 ml (1/2 tasse) de raisins secs

Ces muffins sont très simples à faire et très parfumés,
surtout avec de grosses dattes bien juteuses.

• Écraser les bananes avec l'eau dans un grand bol. Ajouter l'huile et le sirop, puis tous les ingrédients et mélanger. Incorporer les copeaux de caroube ou les dattes et bien remuer.

• Verser dans les moules à muffins huilés et cuire au four à 190 °C (375 °F) de 15 à 18 minutes.

• Laisser refroidir 5 minutes et retirer des moules.

Avec les farines de riz brun et d'épeautre, on peut avoir besoin de plus d'eau car le mélange risque d'être trop sec. Il doit être collant et grumeleux.

Omettre l'édulcorant si on utilise des raisins secs ou des dattes à la place de copeaux de caroube, car ils sont riches en sucre naturel.

Remarque

On trouve les cristaux de vitamine C et la gomme de guar dans les magasins d'alimentation naturelle. Essayer la farine d'épeautre, de kamut, d'orge, de riz brun ou de quinoa dans cette recette.

Dessert
aux patates douces

Ne contient pas de produits laitiers, blé, levure, maïs, sucre, œufs, soja, solanacées et gluten.
Donne 750 ml (3 tasses).

ingrédients

500 ml (2 tasses) de patates douces, coupées en dés
(2 petites patates douces ou 1 grosse)
75 ml (1/3 tasse) d'huile de carthame ou de beurre
250 ml (1 tasse) de lait de riz ou de noix

175 ml (3/4 tasse) de raisins secs
5 ml (1 c. à thé) de cardamome
5 ml (1 c. à thé) de cannelle
125 ml (1/2 tasse) d'amandes pilées

- Cuire les patates douces quelques minutes dans un peu d'huile
pour les ramollir; remuer fréquemment.

- Dans un grand bol, mélanger tous les ingrédients. Verser dans un moule beurré.

- Cuire au four à 200 °C (400 °F) de 30 à 40 minutes.

On peut modifier cette recette en remplaçant les amandes
par de la noix de coco non sucrée.

Saviez-vous que...

ce gros tubercule comestible appartient
à la famille des convolvulacées? Il existe
de nombreuses variétés de patates douces,
mais les deux plus populaires sont celle à la
peau blanche et celle à la peau foncée,
souvent appelée « igname ». La véritable
igname n'a pas de lien avec la patate douce.

Barres aux fruits
et aux noix

Ne contient pas de produits laitiers, blé, levure, maïs, sucre, œufs, soja, solanacées et gluten.

Donne 12 à 14 barres.

ingrédients

250 ml (1 tasse) d'amandes crues entières
250 ml (1 tasse) de raisins secs
250 ml (1 tasse) de dattes dénoyautées

Zeste d'un citron, râpé
75 ml (1/3 tasse) de noix de coco non sucrée, râpée

- Mélanger les amandes, les raisins secs, les dattes et le zeste de citron.
- Verser la moitié de la noix de coco au fond d'un moule à gâteau carré de 20 cm (8 po).
- Presser le mélange aux fruits avec les mains sur la noix de coco pour couvrir le fond du plat.
- Saupoudrer du reste de noix de coco.
- Réfrigérer le mélange 2 heures, puis découper des barres et déguster.

Muffins aux bleuets
et aux bananes

Ne contient pas de produits laitiers, blé, levure, maïs, sucre, œufs, soja, noix, solanacées et gluten.

Donne 12 muffins.

ingrédients

175 ml (3/4 tasse) de farine de pois chiche
50 ml (1/4 tasse) de farine d'arrow-root
50 ml (1/4 tasse) de farine de tapioca
50 ml (1/4 tasse) de fécule de pomme de terre
125 ml (1/2 tasse) de farine de riz brun
10 ml (2 c. à thé) de bicarbonate de sodium
5 ml (1 c. à thé) de gomme de xanthane ou de gomme de guar

10 ml (2 c. à thé) de cannelle
5 ml (1 c. à thé) de vanille
50 ml (1/4 tasse) de sirop d'érable
125 ml (1/2 tasse) d'huile de carthame
50 ml (1/4 tasse) d'eau
4 bananes, écrasées
250 ml (1 tasse) de bleuets

- Écraser les bananes dans un bol avec l'eau.
- Ajouter l'huile, le sirop d'érable et la vanille et bien mélanger.
- Incorporer le reste des ingrédients et mélanger.
- Verser dans des moules à muffins huilé et cuire au four à 175 °C (350 °F) pendant environ 30 minutes.

Photo : Barres aux fruits et aux noix

Biscotti aux amandes
et au citron

Ne contient pas de produits laitiers, blé, levure, maïs, sucre, soja et solanacées.

Donne 1 portion.

ingrédients

425 ml (1 3/4 tasse) de farine d'épeautre
50 ml (1/4 tasse) de sirop d'érable, de miel, de malt de riz
ou de malt d'orge
250 ml (1 tasse) d'amandes crues entières, grossièrement moulues
Zeste d'un citron biologique, râpé
15 ml (1 c. à soupe) de levure chimique

75 ml (1/3 tasse) d'huile de carthame
2 œufs biologiques
5 ml (1 c. à thé) d'extrait de vanille pure
5 ml (1 c. à thé) d'extrait d'amande pure
Jus d'un citron

• Moudre finement les noix, puis les placer dans un grand bol à mélanger. Ajouter la farine, le zeste de citron et la levure chimique.

• Si possible, mixer tous les ingrédients humides, huile, œuf, extrait de vanille et d'amande, édulcorant et jus de citron, au mélangeur. Sinon, le faire dans un bol séparé. Combiner les ingrédients secs et les ingrédients humides.

• Déposer une feuille de papier parchemin sur une plaque à cuisson (humidifier le côté contre la plaque pour garder un peu d'humidité). Sinon, huiler et fariner la plaque.

• Bien étaler le mélange avec une spatule ou les mains huilées. Il doit être très fin pour les biscotti.

• Faire tomber la plaque sur le comptoir une ou deux fois pour étaler la pâte.

• Cuire au four à 160 °C (325 °F) pendant 30 minutes, mais vérifier au bout de 20 minutes si le mélange renferme de la farine d'épeautre, car elle cuit plus vite que celle de blé.

• Sortir la pâte quand elle est dorée. Laisser refroidir 20 minutes, sur la plaque, puis découper des carrés avec une spatule aiguisée. (Un couteau risque de couper le papier parchemin qui deviendra alors inutilisable.)

Biscuits
au pain d'épice

Ne contient pas de produits laitiers, blé, levure, maïs, sucre, œufs, soja et solanacées.

Donne 16 petits biscuits.

ingrédients

125 ml (1/2 tasse) de farine d'orge
125 ml (1/2 tasse) de farine de riz brun
2 ml (1/2 c. à thé) de crème de tartre
2 ml (1/2 c. à thé) de bicarbonate de sodium
15 ml (1 c. à soupe) de gingembre fraîchement râpé
(ou plus pour un goût plus fort)

125 ml (1/2 tasse) de pacanes moulues
15 à 30 ml (1 à 2 c. à soupe) de miel ou de sirop d'érable
60 ml (4 c. à soupe) de jus d'orange
Zeste d'une orange, râpé

• Réduire les pacanes en une poussière fine au robot culinaire.
Le mélange doit être gras.

• Ajouter les ingrédients secs, puis les ingrédients humides et bien mélanger.

• Faire des petites boules puis les aplatir avec une fourchette (comme les biscuits
au beurre d'arachide) ou rouler la pâte finement sur une planche enfarinée
et couper en forme de petit bonhomme ou des formes préférées des enfants.

• Cuire au four à 175 °C (350 °F) de 15 à 20 minutes
sur une plaque à cuisson légèrement graissée.

Muffins aux pommes
et aux noix

Ne contient pas de produits laitiers, blé, levure, sucre, œufs, soja, noix, solanacées et gluten.

Donne 12 muffins.

ingrédients

175 ml (3/4 tasse) de farine de pois chiche
50 ml (1/4 tasse) de farine d'arrow-root
50 ml (1/4 tasse) de farine de tapioca
50 ml (1/4 tasse) de fécule de pomme de terre
125 ml (1/2 tasse) de farine de riz brun
10 ml (2 c. à thé) de bicarbonate de sodium
5 ml (1 c. à thé) de gomme de xanthane ou de gomme de guar

10 ml (2 c. à thé) de cannelle
5 ml (1 c. à thé) de de noix muscade
375 ml (1 1/2 tasse) de jus de pomme
2 pommes, pelées, épépinées et coupées en dés
1 banane, écrasée
250 ml (1 tasse) de noix

• Mélanger la banane, les pommes, le jus de pomme et les noix.

• Verser le mélange dans un grand bol et ajouter le reste des ingrédients.

• Bien mélanger, verser dans des moules à muffins huilés et cuire au four
à 175 °C (350 °F) pendant 30 minutes ou jusqu'à cuisson complète.

Photo : Biscuits au pain d'épice

Biscuits aux bananes
et aux dattes

Ne contient pas de produits laitiers, blé, levure, maïs, sucre, œufs, soja et solanacées.
Sera sans noix si on les omet.

Donne 20 biscuits.

ingrédients

3 bananes mûres
250 ml (1 tasse) de dattes hachées ou de copeaux de caroube
125 ml (1/2 tasse) de noix (facultatif)
75 ml (1/3 tasse) d'huile d'olive

5 ml (1 c. à thé) de vanille pure
500 ml (2 tasses) de flocons d'avoine
15 ml (1 c. à soupe) de miel (facultatif)

• Écraser les bananes dans un bol puis ajouter les autres ingrédients.
Laisser reposer le mélange 20 minutes pour que l'avoine absorbe l'humidité.
Déposer en petits cercles sur une plaque à cuisson.

• Cuire au four à 200 °C (400 °F) pendant 20 minutes.

Remarque

On peut remplacer les dattes par des copeaux de caroube et omettre les noix, si désiré. On peut aussi remplacer l'avoine par des flocons d'orge ou de kamut.

Saviez-vous que...

les dattes sont des fruits très anciens? Leur nom vient du mot grec daktulos, qui signifie « doigt », d'après la forme du fruit. Elles sont riches en protéines et en fer; n'hésitez donc pas à faire ces biscuits car ils sont bons pour vous!

Faux
brownies

Ne contient pas de produits laitiers, blé, levure, maïs, sucre, œufs,
soja, solanacées et gluten.

Donne 12 ou 14 portions.

ingrédients

250 ml (1 tasse) de farine de riz brun
50 ml (1/4 tasse) de poudre de caroube ou de cacao
5 ml (1 c. à thé comble) de bicarbonate de sodium
10 ml (2 c. à thé) de crème de tartre
1 grosse pomme biologique, pelée et coupée en morceaux
125 ml (1/2 tasse) de raisins secs

125 ml (1/2 tasse) de noix ou de pacanes, émiettées
30 ml (2 c. à soupe) de miel (facultatif)
2 œufs ou substitut (voir p. 26)

- Déposer les raisins secs, les noix, les morceaux de pomme pelées dans le mélangeur et mixer.

- Ajouter le miel si désiré, les œufs ou le substitut et mélanger.

- Ensuite, ajouter le reste des ingrédients et mélanger jusqu'à ce que tout soit homogène. Si c'est sec, ajouter une ou deux gouttes d'eau.

- Verser le mélange dans un moule à brownie carré de 20 cm (8 po) et cuire au four à 175 °C (350 °F) de 20 à 25 minutes.

À manger tel quel ou recouvert d'un glaçage.

Glaçage pour faux brownies

Ne contient pas de produits laitiers, blé, levure, maïs, sucre, œufs, soja, solanacées et gluten.

Donne 125 ml (1/2 tasse).

ingrédients

125 ml (1/2 tasse) de beurre de noix de cajou
60 ml (4 c. à soupe) de sirop d'érable
2 ml (1/2 c. à thé) de vanille

30 ml (2 c. à soupe) de poudre de caroube ou de cacao
30 ml (2 c. à soupe) de jus d'orange ou
15 à 30 ml (1 à 2 c. à soupe) d'eau très chaude (facultatif)

- Placer tous les ingrédients dans un bol et mélanger pour obtenir une pâte onctueuse.

- Ajouter les liquides lentement pour ne pas obtenir un glaçage trop liquide.

Délicieux sur des biscuits ou des brownies.

Gâteau
d'anniversaire

Ne contient pas de produits laitiers, blé, levure, maïs, sucre, œufs, soja, noix, solanacées et gluten. Pour un gâteau sans gluten, utiliser de la farine d'épeautre ou de kamut.

Donne 1 gâteau.

ingrédients

750 ml (3 tasses) de farine de riz brun, d'épeautre ou de kamut

75 ml (1/3 tasse) de poudre de caroube ou de cacao, non sucrée

10 ml (2 c. à thé) de bicarbonate de sodium

10 ml (2 c. à thé) de levure chimique

5 ml (1 c. à thé) de cristaux de vitamine C

2 ml (1/2 c. à thé) de gomme de guar

250 à 375 ml (1 à 1 1/2 tasse) d'eau chaude

50 à 125 ml (1/4 à 1/2 tasse) de sirop d'érable

30 ml (2 c. à soupe) de vinaigre de cidre

10 ml (2 c. à thé) de vanille pure

60 ml (4 c. à soupe) d'huile de carthame

La quantité d'eau dépendra de la farine utilisée.

- Mélanger les ingrédients secs dans un bol.

- Mélanger les ingrédients humides dans un autre bol.

- Ajouter les ingrédients humides aux ingrédients secs et remuer. Le mélange fera des bulles car le vinaigre et le bicarbonate réagissent ensemble.

- Bien remuer et verser immédiatement dans un moule à gâteau carré huilé de 20 cm (8 po) afin d'éviter que le mélange durcisse.

- Cuire au four à 190 °C (375 °F) de 18 à 20 minutes.

Remarque

Voilà une bonne recette pour les enfants allergiques au blé, aux produits laitiers, aux œufs ou au gluten. Elle est également faible en sucre, ce qui n'est pas le cas de la plupart des gâteaux d'anniversaire. On peut utiliser cette recette pour faire des petits gâteaux et les glacer individuellement.

Pain
aux canneberges

Ne contient pas de produits laitiers, blé, levure, maïs, sucre, œufs, soja, noix et solanacées.
Donne 1 pain.

ingrédients

500 ml (2 tasses) de farine d'épeautre
50 ml (1/4 tasse) de sirop d'érable
7 ml (1 1/2 c. à thé) de levure chimique
2 ml (1/2 c. à thé) de bicarbonate de sodium
5 ml (1 c. à thé) de sel de mer
125 ml (1/2 tasse) de margarine
1 œuf battu ou substitut de lin (voir p. 26)

5 à 10 ml (1 à 2 c. à thé) d'écorce d'orange râpée
2 ml (1/2 c. à thé) de zeste de citron râpé
175 ml (3/4 tasse) de jus d'orange
250 ml (1 tasse) de canneberges fraîches
250 ml (1 tasse) de raisins secs

- Mélanger les ingrédients secs dans un bol, puis ajouter la margarine jusqu'à obtenir des grumeaux. Ajouter l'œuf ou le mélange aux graines de lin, le zeste de citron et l'écorce et le jus d'orange. Remuer jusqu'à ce que le mélange soit humide. Incorporer les canneberges et les raisins secs.

- Verser dans un moule à pain graissé de 1,5 l (8,5 po) et cuire au four à 175 °C (350 °F) pendant 1 heure.

Remarque

Je fais aussi cette recette avec de la farine d'avoine ou de kamut.

Mousse
aux fruits

Ne contient pas de produits laitiers, blé, levure, maïs, sucre, œufs, noix, solanacées et gluten.

Donne 1 l (4 tasses).

ingrédients

750 ml (3 tasses) de pulpe de fraises fraîches
ou d'un autre fruit au choix
250 ml (1 tasse) de lait d'amande ou de soja
30 à 45 ml (2 à 3 c. à soupe) de flocons d'agar-agar

125 ml (1/2 tasse) d'eau
Jus de 2 citrons
30 ml (2 c. à soupe) de miel

• Mélanger les fraises ou les autres fruits avec le lait pour en obtenir une pulpe.

• Placer l'eau, les flocons d'agar-agar, le jus de citron et le miel dans une casserole.
Porter à ébullition, puis laisser mijoter quelques minutes jusqu'à ce que l'agar-agar soit dissous.

• Retirer du feu et laisser refroidir quelques minutes avant d'ajouter la pulpe des fruits.
Mélanger.

• Verser dans des coupes à dessert en verre et réfrigérer.

Servir frais décoré d'une fraise ou arrosé du glaçage à la caroube et au tahini.
(Voir p. 228)

Si le fruit désiré n'est pas en saison et pas très sucré, il faudra mettre un peu plus de miel.

Remarque

L'agar-agar est parfois difficile à travailler car il tourne vite les choses en gelée. Je l'utilise à la place de la gélatine. Parfois, quand je fais cette recette, j'ajoute 30 ml (2 c. à soupe) d'agar-agar, mets la mousse au réfrigérateur puis m'aperçois qu'elle a pris en gelée tout de suite. D'autres fois, je regarde 2 heures plus tard et rien n'a changé. Avant d'utiliser l'agar-agar, mieux vaut faire quelques tests. Et même si la mousse est un peu liquide et qu'on doit l'appeler crème, elle reste délicieuse !

Tarte à la caroube
et aux bananes

Ne contient pas de produits laitiers, blé, levure, maïs, sucre, œufs, soja, solanacées et gluten.

Donne 1 tarte.

ingrédients croûte

175 ml (3/4 tasse) d'amandes	25 ml (1/8 tasse) de sirop d'érable
175 ml (3/4 tasse) de farine de riz brun	Pincée de sel de mer
75 ml (1/3 tasse) d'huile de carthame	1 ml (1/4 c. à thé) de cannelle

Garniture

1 l (4 tasses) de lait de riz à la caroube	75 à 125 ml (1/3 à 1/2 tasse) de farine d'arrow-root
50 ml (1/4 tasse) de flocons d'agar-agar	5 ml (1 c. à thé) d'extrait de vanille pure
50 ml (1/4 tasse) de sirop d'érable	2 à 3 bananes, coupées en rondelles ou en tranches

Croûte

• Faire tremper les amandes 2 heures dans un bol rempli d'eau. Les rincer et les sécher avant de les moudre.

• Moudre les amandes à une mouture relativement fine. Ajouter la farine de riz, le sel et la cannelle et bien mélanger. Incorporer ensuite l'huile et le sirop d'érable et mélanger.

• Étendre la pâte dans une assiette à tarte de 25 cm (10 po) et cuire au four à 175 °C (350 °F) pendant 25 minutes ou jusqu'à ce qu'elle soit dorée. Laisser la croûte refroidir.

Garniture

• Porter le lait de riz et l'agar-agar à ébullition, puis laisser mijoter jusqu'à ce que l'agar-agar soit dissous.

• Mélanger l'arrow-root et le sirop d'érable dans un bol séparé, puis fouetter le mélange dans le lait de riz. Il doit épaissir immédiatement. Retirer du feu et laisser refroidir 20 minutes. Déposer des tranches de bananes sur la croûte et verser le mélange au lait de riz. Réfrigérer.

On peut remplacer la caroube par du cacao.

Remarque

Parfois le lait de riz à la caroube est difficile à trouver. On peut faire le sien en utilisant du lait de riz nature et en ajoutant de la poudre de caroube ou de cacao (50 ml ou 1/4 tasse).

Glaçage à la caroube
et au tahini

Ne contient pas de produits laitiers, blé, levure, maïs, sucre, œufs, soja, noix, solanacées et gluten. Cette recette sera sans noix si on utilise du lait de soja ou de riz.

Donne 175 ml (3/4 tasse).

ingrédients

50 ml (1/4 tasse) de tahini
25 ml (1/8 tasse) de lait de noix, de soja ou de riz
5 ml (1 c. à thé) de vanille

50 ml (1/4 tasse) de miel ou de sirop d'érable
15 ml (1 c. à soupe) de poudre de caroube

• Mélanger tous les ingrédients et réfrigérer pendant au moins 2 heures. À utiliser comme crème sur des fruits ou des tartes.

On peut remplacer le lait par de l'eau, mais la consistance sera différente.

Remarque

Si le tahini est mou, pas besoin d'ajouter de lait.

Glaçage aux dattes
et à la caroube

Ne contient pas de produits laitiers, blé, levure, maïs, sucre, œufs, soja, noix, solanacées et gluten.

Donne 125 ml (1/2 tasse).

ingrédients

125 ml (1/2 tasse) de dattes coupées en morceaux
30 ml (2 c. à soupe) de poudre de caroube
30 à 45 ml (2 à 3 c. à soupe) d'eau bouillante
45 ml (3 c. à soupe) de sirop d'érable

5 ml (1 c. à thé) de zeste d'orange
15 ml (1 c. à soupe) de jus d'orange
Noix de coco non sucrée râpée ou morceaux de noix pour la décoration (facultatif)

• Écraser les dattes et verser l'eau bouillante dessus. Mélanger le reste des ingrédients, sauf la noix de coco ou les noix.

• Mélanger jusqu'à obtenir une consistance lisse.

Muffins aux carottes
et aux dattes

Ne contient pas de produits laitiers, blé, levure, maïs, sucre, œufs, soja, noix et solanacées.

Donne 16 muffins.

ingrédients

150 ml (2/3 tasse) d'huile de tournesol
50 ml (1/4 tasse) de miel (facultatif)
500 ml (2 tasses) de compote de pommes non sucrée
125 ml (1/2 tasse) de mélange aux graines de lin (90 ml
[6 c. à soupe] d'eau avec 30 ml [2 c. à soupe] de graines de lin
moulues. Mélanger ou fouetter pour obtenir une mousse.)
150 ml (2/3 tasse) de dattes coupées en morceaux

500 ml (2 tasses) de carottes, râpées
5 ml (1 c. à thé) de noix de muscade
10 ml (2 c. à thé) de cannelle
10 ml (2 c. à thé) de bicarbonate de sodium
20 ml (4 c. à thé) de levure chimique
750 ml à 1 l (3 à 4 tasses) de farine d'épeautre,
d'avoine, d'orge ou de kamut

- Râper les carottes.

- Mélanger les carottes râpées avec la compote de pommes et l'huile. Ajouter au mélange de graines de lin. Incorporer la noix de muscade, la cannelle, le bicarbonate de sodium et la levure chimique, puis lentement la farine.
Il faudra peut-être 1 l (4 tasses), selon le type de farine utilisé.

- Incorporer les morceaux de dattes et bien mélanger.

- Verser dans des moules à muffins et cuire au four à 175 °C (350 °F) pendant 30 minutes ou jusqu'à ce que tout soit doré.

Remarque

Ces muffins sont délicieux mais sont plus longs à faire que les muffins aux bananes et aux dattes. J'utilise habituellement de la farine d'avoine ou d'épeautre dans cette recette, mais on peut aussi mettre de la farine de riz brun.

Gâteries
de Noël

Ne contient pas de produits laitiers, blé, levure, maïs, sucre, œufs, soja, solanacées et gluten.

Donne 18 petites boules.

ingrédients

125 ml (1/2 tasse) d'abricots secs
125 ml (1/2 tasse) de dattes
30 ml (2 c. à soupe) de jus d'orange
30 ml (2 c. à soupe) de miel

45 ml (3 c. à soupe) d'eau
5 ml (1 c. à thé) de zeste d'orange ou de zeste de citron
50 ml (1/4 tasse) de pacanes, finement hachées
175 ml (3/4 tasse) de noix de coco râpée non sucrée

- Couper les abricots et les dattes en morceaux et les mettre dans une casserole avec le jus d'orange, l'eau et le miel. Couvrir et laisser mijoter à feu doux-moyen jusqu'à ce que les fruits soient tendres et que le liquide soit évaporé, soit environ 5 à 10 minutes.

- Retirer du feu et laisser refroidir.

- Réduire les fruits en purée au robot culinaire pour former une pâte. Ajouter le zeste et les noix et les mélanger dans un bol.

- Avec les doigts légèrement huilés, prendre un peu de pâte, faire une boule et la rouler dans la noix de coco.

- Poser les boules sur un plateau et laisser reposer dans un endroit frais pendant une journée avant de déguster.

Ne pas ajouter de miel si on se préoccupe de sa consommation de sucre car les abricots et les dattes sont déjà bien sucrés.

Biscuits à l'orange
et au tef

Ne contient pas de produits laitiers, blé, levure, maïs, sucre, œufs, soja et solanacées.

Donne 30 petits biscuits.

ingrédients

325 ml (1 1/3 tasse) de farine de tef
500 ml (2 tasses) d'amandes
500 ml (2 tasses) de flocons d'avoine
5 ml (1 c. à thé) de noix de muscade moulue
1 ml (1/4 c. à thé) de sel de mer
150 ml (2/3 tasse) d'huile de carthame

50 ml (1/4 tasse) de sirop d'érable
5 ml (1 c. à thé) de vanille
125 ml (1/2 tasse) de jus d'orange
Zeste d'une orange
150 ml (2/3 tasse) de compote de pommes non sucrée

• Moudre les amandes et l'avoine pour obtenir une mouture relativement fine.

• Déposer dans un bol. Ajouter la farine, la noix de muscade et le sel et bien mélanger.

• Mélanger l'huile, le sirop d'érable, le jus et le zeste d'orange et la vanille
dans un autre bol. Incorporer les ingrédients secs aux ingrédients humides.
Si le mélange est trop sec, ajouter un peu plus de jus d'orange ou un peu d'eau.
Ce mélange peut être très sec avec le tef et les amandes.
Il faut pouvoir faire des boules sans qu'elles s'émiettent.

• Façonner des boules et les écraser à la fourchette sur une plaque à cuisson.

• Cuire au four à 160 °C (325 °F) de 20 à 25 minutes, selon le four.

Saviez-vous que... le tef est une céréale qui pousse en Afrique depuis très longtemps ? Cultivée en Éthiopie depuis des siècles, elle est riche en protéines et en glucides et a une teneur élevée en calcium et en fer.

Croustade
aux pommes

Ne contient pas de produits laitiers, blé, levure, maïs, sucre, œufs, soja, noix et solanacées.

Donne 1 plat.

ingrédients

6 à 8 pommes biologiques, tranchées	10 ml (2 c. à thé) de cannelle

Garniture

150 ml (2/3 tasse) de farine (avoine, épeautre, orge ou kamut) 500 ml (2 tasses) de flocons (avoine, orge, kamut ou épeautre) 150 ml (2/3 tasse) de margarine	50 à 125 ml (1/4 à 1/2 tasse) de sirop d'érable, de miel ou de sirop de riz

- Placer les pommes dans un plat carré de 20 cm (8 po) allant au four légèrement graissé, saupoudrer de cannelle et mélanger.

- Mélanger la farine, l'avoine, la margarine et l'édulcorant dans un bol. Malaxer la pâte à la main pour obtenir des grumeaux.

- Verser le mélange sur les pommes et cuire au four à 190 °C (375 °F) de 30 à 40 minutes, jusqu'à ce que tout soit doré.

Glace aux fraises
et au chanvre

Ne contient pas de produits laitiers, blé, levure, maïs, sucre, œufs, soja, noix, solanacées et gluten

Donne 500 ml (2 tasses).

ingrédients

250 ml (1 tasse) de graines de chanvre décortiquées (lavées)
250 ml (1 tasse) de fraises fraîches ou surgelées
15 ml (1 c. à soupe) de sirop d'érable ou de miel

1 ml (1/4 c. à thé) de gomme de guar
1/2 banane

• Mixer les fraises et le sirop d'érable au mélangeur, puis ajouter le reste des ingrédients et mélanger jusqu'à ce que les graines de chanvre soient bien incorporées.
Pour un goût croustillant, ne pas broyer trop longtemps.

• Verser dans des petits contenants et congeler.
Pour une texture plus lisse, ajouter un peu de lait de coco.

Tout simplement délicieuse !

Biscuits au tef
et au beurre d'arachide

Ne contient pas de produits laitiers, blé, levure, maïs, sucre, œufs, soja, solanacées et gluten.
Donne 24 biscuits.

ingrédients

375 ml (1 1/2 tasse) de farine de tef
50 ml (1/4 tasse) de sirop d'érable
125 ml (1/2 tasse) d'huile de carthame
5 ml (1 c. à thé) d'extrait de vanille pure

250 ml (1 tasse) de beurre d'arachide, de noix de cajou
ou d'amande, croquant
1 ml (1/4 c. à thé) de sel de mer

• Mélanger légèrement le beurre d'arachide, l'huile, le sirop d'érable et la vanille au robot culinaire. Ajouter la farine de tef et le sel et mélanger.
Le mélange doit juste coller ensemble.

• Façonner de petites boules sur une plaque à cuisson et les écraser légèrement avec une fourchette humide.

• Cuire au four à 175 °C (350 °F) de 10 à15 minutes.

Ces biscuits sont délicieux mais s'émiettent facilement.

Remarque

Pour des biscuits plus croquants, incorporer
175 ml (3/4 tasse) de céréales sans gluten.
J'ajoute des flocons de sarrasin d'Arrow-
head Mills ou des flocons d'amarante.

Flan
à l'orge

Ne contient pas de produits laitiers, blé, levure, maïs, sucre, œufs, soja, noix et solanacées.

Donne 2 portions.

ingrédients

375 ml (1 1/2 tasse) d'orge perlé cuit
50 ml (1/4 tasse) de raisins secs Thompson
500 ml (2 tasses) de lait de coco

0,5 ml (1/8 c. à thé) de cannelle
5 ml (1 c. à thé) de sirop d'érable
Noix de muscade, cannelle et cardamome

• Placer l'orge, les raisins, le lait, la cannelle et le sirop d'érable dans une cocotte en terre ou un plat avec couvercle. Saupoudrer de noix de muscade, de cannelle et de cardamome et cuire au four à 175 °C (350 °F) pendant 1 heure.
Si trop sec, ajouter plus de lait et remettre au four.

Glace à la caroube,
aux bananes et au chanvre

Ne contient pas de produits laitiers, blé, levure, maïs, sucre, œufs, soja, noix, solanacées et gluten.

Donne 750 ml (3 tasses).

ingrédients

175 ml (3/4 tasse) de graines de chanvre décortiquées (lavées)
3 bananes, écrasées
15 à 30 ml (1 à 2 c. à soupe) de sirop d'érable

15 à 30 ml (1 à 2 c. à soupe) de poudre de caroube non sucrée
1 ml (1/4 c. à thé) de gomme de guar
175 ml (3/4 tasse) de lait de noix de coco

• Mélanger tous les ingrédients au robot culinaire pendant au moins 10 minutes pour casser le chanvre.

• Remplir de petits contenants et les congeler.

• Sortir du congélateur 5 minutes avant de déguster pour que la glace ramollisse un peu.

On peut remplacer la caroube par du cacao biologique non sucré.

Biscuits
à la farine d'avoine

Ne contient pas de produits laitiers, blé, levure, maïs, sucre, œufs, soja, noix et solanacées.

Donne 18 petits biscuits.

ingrédients

45 ml (3 c. à soupe) d'huile ou de margarine
45 ml (3 c. à soupe) de miel
1 œuf ou substitut (voir p. 26)
75 ml (1/3 tasse) d'eau
5 ml (1 c. à thé) de vanille
5 ml (1 c. à thé) d'extrait d'amande (facultatif)

50 ml (1/4 tasse) de farine d'avoine
2 ml (1/2 c. à thé) de levure chimique
125 ml (1/2 tasse) de graines de tournesol moulues
175 ml (3/4 tasse) de flocons d'avoine
125 ml (1/2 tasse) de raisins secs ou
125 ml (1/2 tasse) de copeaux de caroube

- Mélanger l'huile (ou la margarine) et le miel. Ajouter l'œuf ou le substitut, la vanille et l'eau et bien mélanger. Ajouter le reste des ingrédients et mélanger.
Pour changer, on peut saupoudrer de cannelle et de noix de muscade.

- Façonner en forme de boule et placer sur une plaque à cuisson et cuire au four à 190 °C (375 °F) de 10 à 12 minutes.

Biscuits à la lime
et à la noix de coco

Ne contient pas de produits laitiers, blé, levure, maïs, sucre, œufs,
soja, noix, solanacées et gluten.

Donne 16 biscuits.

ingrédients

250 ml (1 tasse) de farine de riz brun
50 ml (1/4 tasse) de farine de tapioca
50 ml (1/4 tasse) de farine de pomme de terre
15 ml (1 c. à soupe) de graines de lin moulues mélangées avec
45 ml (3 c. à soupe) d'eau
250 ml (1 tasse) de noix de coco râpée non sucrée

75 ml (1/3 tasse) de sirop de riz
Zeste d'une lime
Jus de 2 limes
75 ml (1/3 tasse) d'huile de carthame ou de noix de macadamia
1 ml (1/4 c. à thé) d'huile d'amande
ou 2 ml (1/2 c. à thé) de vanille

• Fouetter ensemble la farine de riz brun, la farine de tapioca et la farine de pomme de terre.

• Mélanger l'huile, le sirop de riz, le mélange de graines de lin,
le zeste et le jus des limes et l'huile d'amande dans un autre bol.

• Incorporer les ingrédients humides aux secs. Ajouter la noix de coco râpée et malaxer
à la main. Façonner en forme de boule et déposer sur une plaque à cuisson graissée.
Cuire au four à 175 °C (350 °F) de 10 à 15 minutes ou jusqu'à ce que tout soit doré.

C'est un biscuit sans gluten, il aura donc tendance à s'émietter
un peu à cause des farines utilisées.

Remarque

Astuce si on utilise le sirop de riz : mesurer
l'huile avant le sirop car il se versera mieux
si la tasse est un peu huileuse.

Petites meules
aux carottes

Ne contient pas de produits laitiers, blé, levure, maïs, sucre, œufs, soja, noix, solanacées et gluten.

Donne 1 portion.

ingrédients

250 ml (1 tasse) de carottes râpées
625 ml (2 1/2 tasses) de noix de coco râpée non sucrée
30 ml (2 c. à soupe) d'eau froide
30 ml (2 c. à soupe) de poudre d'arrow-root
30 ml (2 c. à soupe) d'huile de carthame
45 ml (3 c. à soupe) de miel

Substitut d'œuf (voir p. 26)
30 ml (2 c. à soupe) de farine de riz brun
Pincée de sel de mer

• Mélanger les carottes râpées, le sel de mer, l'huile de carthame, la farine, la noix de coco et le miel. Incorporer le substitut d'œuf au mélange aux carottes.

• Mélanger l'eau et l'arrow-root, puis ajouter aux autres ingrédients.

• Mélanger le tout, façonner des petites meules sur une plaque à cuisson et cuire au four à 160 °C (325 °F) de 10 à 15 minutes ou jusqu'à cuisson complète.

Familles d'aliments en ordre alphabétique

Vous ne savez plus quoi manger? Voici une liste complète des aliments, de A à Z, avec le numéro de la famille à laquelle ils appartiennent pour vous permettre de planifier facilement votre régime rotatif.

Nous avons tendance à nous restreindre à un petit pourcentage d'aliments. Traitez votre allergie comme un défi. Utilisez les listes qui suivent pour essayer de nouvelles possibilités.

Comment utiliser ces tables :

La Liste 1 est une liste alphabétique des aliments. Le numéro qui précède chaque article indique la famille à laquelle l'aliment appartient. La Liste 2 est celle des familles par ordre numérique.

Par exemple, imaginons que vous avez une allergie aux concombres. Vous devez savoir si d'autres aliments de la même famille sont susceptibles de vous causer des réactions. En face de « concombre » dans la Liste 1 se trouve le numéro 29. Et si vous regardez le numéro 29 dans la Liste 2, vous verrez la liste des aliments qui appartiennent à la même famille, dans le cas présent, celle des Cucurbitacées. Potirons, courges et cantaloups font partie de cette famille; vous devrez donc peut-être aussi les éviter.

Quand vous planifiez votre régime rotatif, vous devez faire attention à la famille des aliments auxquels vous réagissez. Certaines personnes sont tellement allergiques qu'elles feraient bien d'éviter tous les aliments appartenant à la famille à laquelle elles réagissent. D'autres vont bien en évitant seulement les aliments qui leur causent des problèmes.

A

66b	abricot	1	algues	38	arachide	18	artichaut
43	acérolox	39	aloès officinal	18	armoise amère	4	arum, famille
82	achigan (jaune)	101	alose	4	arrow-root (colcase)	20	asimine
18	achillée mille-feuille	66b	amande	5	arrow-root (musa)	39	asperge
88	acoupa royal	71	amande de terre	73	arrow-root (tapioca brésilien)	41	aspérule odorante
1	agar-agar	2	amarante	75	arrow-root de Fidji (tacca)	63	aubergine
3	agave	28	amarante tricolore	21	arrow-root de Floride (zamia)	18	aurone male
85	agneau	3	amaryllis	26	arrow-root des Indes orientales (curcuma)	114	autruche d'Afrique
87	aiglefin	60	ananas	73	arrow-root du Brésil	7	aveline
39	ail	81	anchois	13	arrow-root du Queensland	37	avocat
39	ail chinois	16	aneth			31	avoine
39	ail sauvage	16	angélique				
32	airelle myrtille	94	anguille d'Amérique				
66c	airelle fausse-myrtille	16	anis				
38	alfalfa	113	antilope d'Amérique				

B

34 baie de sureau
66a baie d'églantier
132 baleine
18 balsamite
5 banane
18 bardane, racine
45 basilic
126 basse (noire)
45 bergamote
28 bette à carde
28 betterave
28 betterave à sucre
74 beurre de cacao
119 blanchaille
31 blé
32 bleuet
85 bœuf
104 bonite à ventrerayé
7 bouleaux, famille
31 boulgour
9 bourrache
85 Bovidés
110 brochet
48 brocoli
87 brosme
32 Bruyère, famille
85 buffle

C

74 cacao
12 Cactus, famille
41 café
111 caille
107 calmar
18 camomille
46 camote
93 canard
13 Canna, famille
31 canne à sucre
32 canneberge
37 cannelle
37 cannelle de Chine
29 cantaloup
14 câpre
50 capucine
54 carambole
103 carangue grasse
26 cardamome
18 cardon
71 Carex, famille
90 caribou
16 carotte
38 caroube
106 carpe
1 carragheen
95 carrelet
18 carthame
45 cataire

C

125 caviar
16 céleri
16 céleri-rave
16 centella asiatica
90 cerf
16 cerfeuil
16 cerfeuil musqué
66b cerise
63 cerise de terre
43 cerise des Antilles (acérolox)
30 champagne
25 champignons
47 chanvre
6 châtaigne
71 châtaigne d'eau
6 châtaigne de chinquapin
29 chayote
28 Chénopode, famille
28 chénopode blanc
20 chérimole
106 chevaine
102 cheval
85 chèvre
68 chiclé
18 chicorée
18 chicorée de Bruxelles
18 chicorée witloof
74 chocolat
48 chou
4 chou caraïbe
48 chou chinois
48 chou de Bruxelles
55 chou de palme
48 chou-fleur
48 chou frisé
65 chou gras
48 chou nappa
48 chou-rave
48 chou tronchuda
39 ciboulette
66a cidre de pomme
67 citron
31 citronnelle
29 citrouille
67 Citrus, famille
49 clou de girofle
20 cœur de bœuf
66a coing
92 colombe
29 concombre
107 coquille Saint-Jacques
16 coriandre
29 cornichon
42 coton, huile
38 coumarine
29 courge
29 courge à cou tors
29 courge Boston Marrow
29 courge Buttercup
29 courge d'Italie
29 courge gland
29 courge golden nugget
29 courge musquée
29 courge spaghetti
29 courge verte de Hubbard
29 courgette
31 couscous
89 crabe
126 crapet-soleil (perche-soleil)
30 crème de tartre
48 cresson de fontaine
48 cresson de jardin
48 cresson frisé
89 crevette
16 cumin
26 curcuma

D

4 dasheen
55 datte
91 dauphin
104 demi-bec blanc
130 dinde
38 dolique à œil noir
38 dolique tubéreux
110 doré jaune
110 doré noir (perche)
77 doucette (roquette)
1 dulse

E

30 eau-de-vie de vin
23 Ébène, famille
39 échalote
89 écrevisse
123 écureuil
114 émeu
18 endive
31 épeautre
120 éperlan
28 épinard
15 épinard de Nouvelle-Zélande
44 Érable, famille
107 escargot
18 escarole
128 espadon
18 estragon
124 esturgeon
49 eucalyptus
18 eupatoire perfoliée
73 Euphorbe, famille

F

111 faisan
18 farine d'artichaut
31 farine d'avoine
31 farine (enrichie) de gluten
55 fécule de sagou
16 fenouil
16 fenouil de Florence
38 fenugrec
48 feuille de « chou vert »
37 feuille de laurier
38 fève
38 fève gourgane
38 fève tonka

F

47 figue
12 figue de Barbarie
37 filé
16 finocchio
95 flétan
66c fraise
66c framboise
66c framboise-mûre de Tay
45 fraxinelle
47 fruit de l'arbre à pain
57 fruit de la passion
23 fruit de Sharon

G

41 Garance, famille
97 gélinotte (huppée)
19 genièvre
31 germe de blé
19 gin
26 gingembre
27 ginseng
29 giraumon turban
38 gomme arabique
29 Gourde (melon), famille
49 goyave
59 grain de poivre
16 graine de carvi
45 graine de chia
24 graine de lin
62 graine de pavot
73 graine de ricin
18 graine de tournesol
31 Graminée, famille
88 grand tambour (de mer)
9 grande consoude
61 grenade
57 grenadille
61 grenadine
96 grenouille
70 groseille à maquereau
22 groseille de Chine
31 gruau de maïs
42 guimauve, racine

H

101 hareng de l'Atlantique
38 haricot à filet
38 haricot de Lima
38 haricot mungo
38 haricot rond blanc
38 haricot rouge
6 Hêtre, famille
42 hibiscus
89 homard
29 honeydew
47 houblon
33 Houx, famille
7 huile de bouleau
73 huile de ricin
107 huître
11 hydraste du Canada
45 hysope

I

80 igname
80 igname de Chine
36 iris

K

23 kaki
31 kamut
38 kudzu
67 kumquat

L

18 laitue
18 laitue tige
99 lapin
37 Laurier, famille
45 lavande
38 lécithine
38 Légumineuse, famille
31 lemon-grass
38 lentille
25 levure de bière
25 levure de boulangerie
25 levure nutritionnelle
87 lieu noir
95 limande
67 lime
39 Lis, famille
72 litchi
16 livèche
118 loup (de mer)
29 luffa

M

64 macadamia
77 mâche
51 macis
31 maïs
31 maïs doux
31 maïs éclaté
105 makaire
88 malachigan
31 malte
31 maltose
67 mandarine
17 mangue
73 manioc
104 maquereau
126 marigane
45 marjolaine
45 marrube commun
110 maskinongé
33 maté
42 Mauve, famille
31 mélasse
45 mélisse-citronnelle
29 melon brodé
29 melon casaba
29 melon crenshaw
29 melon de Perse
101 menhaden
45 menthe à feuilles rondes
45 menthe poivrée
45 menthe pouliote
45 menthe verte
87 merluche
117 mérou
3 mescal
125 meunier noir
31 millet
25 moisissure
4 monstera
25 morille
87 morue (aiglefin)
100 morue charbonnière
107 moule
1 mousse d'Irlande
48 moutarde, fanes
48 moutarde, graines
85 mouton
85 mouton des montagnes Rocheuses
108 mulet
66c mûre
47 mûre blanche
66c mûre de Boysen
66c mûre de Logan
66c mûre de Young
66c mûre des haies
30 muscadine
49 Myrte, famille

N

48 navet
48 navette
66b nectarine
66a nèfle du Japon
38 niébé
7 noisette
71 noisette de terre
79 noix cendrée
17 noix de cajou
55 noix de coco
79 noix de Grenoble
79 noix de hickory
74 noix de kola
69 noix de sapucaya
69 noix du Brésil
79 noix du Japon
69 noix du paradis
64 noix macadamia
51 noix de muscade
79 noix noire

O

93 oie
39 oignon
42 okra
52 olive
109 opossum
67 orange
53 Orchidée, famille
107 oreille de mer
31 orge
45 origan
90 orignal
10 oseille
54 oseille sauvage
83 ours

P

79 pacane
48 pak-choï (chou chinois)
55 Palmier, famille
107 Palourde
67 pamplemousse
16 panais
111 paon
56 papaye
63 paprika
58 Passiflore, famille
29 pastèque
29 pastèque de Chine

46 patate douce
29 pâtisson
62 Pavot, famille
66b pêche
66a pectine
105 pèlerin
63 pépino
116 perche de mer
110 perche jaune
126 perche-soleil
129 perche-tuile
97 perdrix
16 persil
38 petit pois

92 pigeon (pigeonneau)
19 pignon
101 pilchard (sardine)
49 pimenta
63 piment de Cayenne
49 piment de la Jamaïque
63 piment doux d'Espagne
63 piment du Chili
63 piment sec

P

66b pimprenelle
19 Pin, famille
98 pintade
18 pissenlit
17 pistache
5 plantain
95 plie rouge
66a poire
39 poireau
38 pois chiche
133 poisson blanc

133 Poisson blanc, famille
86 poisson-chat, espèces
59 Poivre, famille
59 poivre blanc
59 poivre noir
63 poivron
63 poivron d'Amérique
67 pomélo
66a pomme

63 pomme de terre
72 Pomme de savon, famille
66a pommetier
103 pompano
128 porc
111 poulet
65 Pourpier, famille
3 pousse de bambou
48 pousse de colza
35 prêle

35 prêle des tourneurs
64 Protéa, famille
66b prune
66b pruneau
66b prunellier
25 puffball
3 pulque
18 pyrèthre

Q

2 quinoa

R

48 radis
48 raifort
32 raisin d'ours
70 raisin de Corinthe
10 raisin de mer
30 raisin sec
38 réglisse
90 renne
11 Renoncule, famille
10 rhubarbe
31 riz
31 riz sauvage
8 rocou
18 romaine
45 romarin
66 Rose, famille
42 roselle
48 rutabaga

S

36 safran
39 salsepareille
18 salsifis
18 salsifis blanc
18 santolina
68 Sapotes, famille
69 Sapucaya, famille
101 sardine
10 sarrasin
45 sarriette
45 sarriette des jardins
45 sarriette des montagnes
37 sassafras
45 sauge
45 sauge sclarée
119 saumon coho
115 saumon, espèces
70 Saxifrage, famille
18 scolyme d'Espagne
18 scorsonère

116 sébaste
31 seigle
31 semoule de maïs
38 séné
103 sériole
121 serpent à sonnettes
117 Serranidés, famille
58 sésame
38 soja
38 soja, produits du
31 son
31 sorgho
22 souris végétale
112 spare doré
112 sparidé
18 stevia
100 stromaté lune
31 sucre de canne
55 sucre de datte
17 sumac toxique
34 Sureau, famille

T

63 tabac
75 Tacca, famille
58 tahini
38 tamarin
88 tambour croca
88 tambour du Brésil
18 tanaisie
67 tangelo
73 tapioca
4 taro
84 tassergal
31 tef
3 tequila
15 Tétragone, famille
76 thé
104 thon
104 thon blanc
45 thym
40 tilleul
40 tilleul d'Amérique
63 tomate

T

63 tomate d'arbre
63 tomatillo
18 topinambour
132 tortue, espèces
131 tortue américaine

38 trèfle
38 trèfle rouge
31 triticale
25 truffe
115 truite, espèces

88 truite de mer
88 truite de mer mouchetée
95 turbot
18 tussilage farfara

V

77 Valériane, famille
53 vanille
1 varech
85 veau
90 venaison
78 Verveine, famille

78 verveine
    des pharmaciens
66a vinaigre (de cidre)
30 vinaigre de vin
122 vivaneau rouge
46 Volubilis, famille

W

90 wapiti
7 wintergreen

Y

80 yampi
33 yerba maté
73 yucca
39 yucca glauque

Familles d'aliments par ordre numérique

1 Algues
agar-agar
carragheen
    (mousse d'Irlande)
dulse
varech

**2 Amaranthacées
(amarante)**
amarante
quinoa

**3 Amaryllidacées
(amaryllis)**
agave
mescal, pulque et tequila

4 Aracées (arum)
choux caraïbe
colocase
dasheen
monstera
poi
taro

5 Musacées (banane)
banane
arrow-root (banane)
plantain

6 Fagacées (hêtre)
châtaigne
châtaigne de chinquapin

7 Bétulacées (bouleau)
aveline (noisette)
essence de bouleau
    (wintergreen) (plante
    composée presque
    exclusivement de
    salicylate de méthyle)

8 Bixacées (rocou)
rocou (colorant
    rouge-jaunâtre naturel)

**9 Borraginacées
(bourrache)**
bourrache
grande consoude
    (feuille et racine)

**10 Polygonacées
(sarrasin)**
oseille
raisin de mer
rhubarbe
sarrasin

**11 Renonculacées
(renoncule)**
hydraste du Canada

**12 Cactacées
(cactus)**
figue de Barbarie

**13 Cannacées
(canna)**
arrow-root
    du Queensland

14 Capparidacées
câpre

**15 Aizoacées
(tétragone)**
épinard
    de Nouvelle-Zélande

16 Apiacées (carotte)
aneth
angélique
anis
carotte
carvi
céleri (graine et feuille)
céleri-rave
    (céleri-navet)
centella asiatica
cerfeuil

cerfeuil musqué
coriandre
cumin
fenouil de Florence
finocchio
livèche
panais
persil

**17 Anacardiacées
(noix de cajou)**
chêne vénéneux
mangue
noix de cajou
pistache
sumac lustre
sumac toxique

**18 Astéracées
(Composées)**
achillée mille-feuille
armoise amère
    (absinthe)
artichaut
aurone mâle
balsamite
camomille
cardon
chicorée
endive
escarole
estragon (herbe)
eupatoire perfoliée
huile de carthame
laitue
laitue tige
pissenlit
pyrèthre
racine de bardane
romaine
salsifis (salsifis blanc)
santolina (herbe)
scolyme d'Espagne
    (salsifis blanc
    d'Espagne)

scorsonère
stevia
tanaisie (herbe)
topinambour
tournesol
    graine, farine, huile
tussilage farfara
witloof

**19 Pinacées
(conifère)**
genièvre (gin)
pignon

**20 Annonacées
(cœur de bœuf)**
asimine
chérimole
cœur de bœuf

**21 Cycadacées
(cycadophyte)**
arrow-root de Floride

**22 Dilléniacées
(aneth)**
groseille de Chine
    (souris végétale)

**23 Ébénacées
(ébène)**
figue caque
    d'Amérique
kaki (fruit de Sharon)

24 Linacées (lin)
graine de lin

25 Champignons
champignon
levure de bière
levure de boulangerie
moisissure
    acide citrique

morille
puffball
truffe

26 Zingibéracées (gingembre)

cardamome
curcuma
gingembre
arrow-root des Indes
orientales

27 Araliacées (ginseng)

ginseng américain
ginseng chinois

28 Chénopodiacées (chénopode)

amarante tricolore
bette à carde
betterave
betterave à sucre
chénopode blanc
épinard

29 Cucurbitacées (gourdes [melon])

chayotte
citrouille
  pépin et farine
    de citrouille
concombre
cornichon
courges
  à cou tors et à cou droit
  Boston Marrow
    (« à moelle »)
  Buttercup
  courgette d'Italie
  giraumon turban
  gland
  golden nugget
  musquée
  pâtisson
  spaghetti
  variétés Hubbard
luffa (éponge végétale)
melons brodés
  cantaloup
  casaba
  crenshaw
  honeydew
  melon de Perse
pastèque
pastèque de Chine

30 Vitacées (raisin)

muscadine
raisin
  champagne
  crème de tartre
  de Corinthe
  eau-de-vie
  sec
  vin
  vinaigre de vin

31 Graminées (herbe)

avoine
  farine
blé
  bulgare
  germe
  son
canne à sucre
  mélasse
  sucre
  sucre brut
couscous
épeautre
kamut
lemon-grass
  citronnelle
maïs
  éclaté
  fécule
  glucose
  gruau
  huile
  semoule
  sirop
maïs doux
millet
orge
  malt
  maltose
pousses de bambou
riz
  farine
seigle
sorgho
tef
triticale

32 Éricacées (bruyère)

airelle myrtille
bleuet
canneberge
raisin d'ours

33 Aquifoliacées (houx)

maté (yerba maté)

34 Caprifoliacées (sureau)

baie de sureau
  fleurs de sureau

35 Équisétacées (prêle)

prêle
  des tourneurs

36 Iridacées (iris)

iris
safran

37 Lauracées (laurier)

avocat
cannelle
cannelle de Chine
feuille de laurier
sassafras
  filé (feuilles pulvérisées)

38 Légumineuses (pois)

arachide
  huile
caroube
  sirop de caroube
coumarine
dolique à œil noir (niébé)
dolique tubéreux
fenugrec
fève tonka
fèves
  gourgane
  lima
  mungo (germes)
gomme adragante
gomme arabique
haricot
  à filet
  rond blanc
  rouge
kudzu
lentille
luzerne (germes)
petit pois
pois chiche
réglisse
séné
soja
  farine
  huile
  lait de soja
  lécithine
  semoule

tamarin
trèfle rouge

39 Liliacées (lis)

ail
ail chinois
ail sauvage
aloès officinal
asperge
ciboulette
échalote
oignon
poireau
salsepareille
yucca (yucca glauque)

40 Tiliacées (tilleul)

Tilleul d'Amérique

41 Rubiacées (garance)

aspérule odorante
café

42 Malvacées (mauve)

coton, huile
hibiscus (roselle)
okra
guimauve, racine

43 Malpighiacées (acérolox)

acérolox
  (cerise des Antilles)

44 Acéracées (érable)

sirop d'érable
sucre d'érable

45 Labiées (menthe)

basilic
bergamote
cataire
fraxinelle
graine de chia
hysope
lavande
marjolaine
marrube commun
mélisse citronnelle
menthe à feuilles rondes
menthe poivrée
menthe pouliote
menthe verte
origan
romarin

sarriette des jardins
sarriette des montagnes
sauge
sauge sclarée
thym

46 Convolvulacées (volubilis)
camote
patate douce

47 Moracées (mûre)
chanvre
figue
fruit de l'arbre à pain
houblon
mûre blanche

48 Brassicadées (moutarde)
brocoli
cardon
chou
chou chinois
chou de Bruxelles
chou frisé
chou nappa
chou tronchuda
chou-fleur
chou-rave
cresson de fontaine
cresson de jardin
cresson frisé
fanes de moutarde
feuilles de « chou vert »
graine de moutarde
navet
navette
pousse de colza
radis
raifort
rutabaga

49 Myrtacées (myrte)
clou de girofle
eucalyptus
goyave
piment de la Jamaïque
   (pimenta)

50 Tropæloacées (capucine)
capucine

51 Myristicacées (muscade)
macis

noix de muscade

52 Oléacées (olive)
olive
   huile

53 Orchidacées (orchidée)
vanille

54 Oxalidacées (oxalide)
carambole
oseille sauvage

55 Arécacées (palmier)
chou de palme
datte
   sucre de datte
fécule de sagou
noix de coco
   farine de noix de coco
   huile de noix de coco

56 Caricacées (papaye)
papaye

57 Passifloracées (passiflore)
grenadille
   (fruit de la passion)

58. Pédaliacées (sésame)
graine de sésame
   huile
   tahini

59 Pipéracées (poivre)
grain de poivre
poivre blanc
poivre noir

60 Broméliacées (ananas)
ananas

61 Punicacées (grenade)
grenade
grenadine

62 Papavéracées (pavot)
graine de pavot

63 Solanacées (pomme de terre)
aubergine
cerise de terre
pépino (poire-melon)
piment (piment sec)
   Cayenne
   Chili
   doux d'Espagne
   paprika
   poivron d'Amérique
pomme de terre
tabac
tomate
tomate d'arbre
tomatillo

64 Protéacées (protéa)
macadamia
   (noix du Queensland)

65 Portulacacées (pourpier)
chou gras (pourpier)

66 Rosacées (rose)
a) fruits à pépins
baies d'églantier
coing
nèfle du Japon
poire
pomme
   cidre
   pectine
   vinaigre
pommetier
b) fruits à noyau
abricot
amande
cerise
pêche (nectarine)
prune (pruneau)
prunellier
c) baies
fraise (feuille)
   airelle fausse-myrtille
framboise (feuille)
   framboise noire
   framboise pourpre
   framboise rouge
framboise-mûre de Tay
mûre de Boysen
mûre de Logan
mûre de Young
mûre des haies

mûre sauvage
d) herbe
pimprenelle
   (saveur de concombre)

67 Rutacées (citrus)
citron
kumquat
lime
mandarine
orange
pamplemousse
pomélo
tangelo

68 Sapotacées (sapotillier)
chiclé
   (gomme à mâcher)

69 Lécythidacées (sapucaya)
noix du Brésil
noix de sapucaya
   (noix du paradis)

70 Saxifragacées (saxifrage)
raisin de Corinthe
groseille à maquereau

71 Cypéracées (carex)
amande de terre
   (noisette de terre)
châtaigne d'eau

72 Sapindacées (pomme de savon)
litchi

73 Euphorbiacées (euphorbe)
graine de ricin
   huile
manioc ou yucca
   farine
   tapioca
   (arrow-root du Brésil)

74 Sterculiacées (noix de kola)
cacao
   beurre de cacao
chocolat (cacao)
noix de kola

75 Taccacées (tacca)
arrow-root de Fidji

76 Théacées (thé)
thé

77 Valérianacées (valériane)
doucette (mâche)

78 Verbénacées (verveine)
verveine
  des pharmaciens

79 Juglandacées (noix)
noix cendrée
noix de Grenoble
noix de hickory
noix du Japon
noix noire
pacane

80 Dioscoréacées (belle-de-jour)
igname
  de Chine (igname)
yampi

81 Engraulidés (anchois)
anchois

82 Percidés (sandre)
perche arc-en-ciel

83 Ursidés (ours)
ours

84 Pomatomidés (tassergal)
tassergal

85 Bovidés (bovins)
bœuf
boyaux à saucisses
buffle (bison)
chèvre
  crème glacée
  fromage
  lait
gélatine
graisse de rognon (suif)
mouton
  agneau
  montagnes Rocheuses

oléomargarine
produits laitiers
  beurre
  crème glacée
  fromage
  lactose
  lait séché
    par atomisation
  yogourt
rennine (présure)
sous-produits du bœuf
veau

86 Siluridés (poisson-chat)
poisson-chat

87 Gadidés (morue)
aiglefin
brosme
lieu noir
merluche
morue (cabillaud)

88 Scienidés (tambour)
acoupa royal
grand tambour
malachigan
tambour croca
tambour du Brésil
truite de mer
truite de mer mouchetée

89 Crustacés
crabe
crevette
écrevisse
homard

90 Cervidés (cerf)
caribou
cerf (venaison)
orignal
renne
wapiti

91 Delphinidés (dauphin)
dauphin

92 Columbidés (colombe)
colombe
pigeon (pigeonneau)

93 Anatidés (canard)
œufs de cane
œufs d'oie

94 Anguillidés (anguille)
anguille d'Amérique

95 Pleuronectidés (limande)
carrelet
flétan
limande
plie
plie rouge
turbot

96 Ranidés (grenouille)
grenouille

97 Rallidés (gélinotte)
gélinotte huppée
  (perdrix)

98 Numididés (pintade)
œufs de pintade

99 Léporidés (lièvre)
lapin

100 Stromatéidés (stromaté)
morue charbonnière
stromaté lune

101 Clupéidés (hareng)
alose
hareng de l'Atlantique
menhaden
pilchard
sardine
sprat

102 Équidés (cheval)
cheval

103 Carangidés (sériole)
carangue grasse
pompano
sériole

104 Scrombridés (maquereau)
bonite à ventre rayé
demi-bec blanc
maquereau
thon blanc
thon rouge

105 Isthiophoridés (makaire)
makaire
pèlerin

106 Menés
carpe
chevaine

107 Mollusques
Céphalopodes
  calmar
Gastropodes
  escargot
  oreille de mer
Pélécypodes
  palourde
  coque
  coquille Saint-Jacques
  huître
  moule

108 Mugilidés (mulet)
mulet

109 Didelphidés (opossum)
opossum

110 Ésocidés (perche et brochet)
brochet
doré jaune
doré noir
maskinongé
perche jaune

111 Phasianidés (faisan)
caille
faisan
œufs de poule
paon

112 Sparidés (sparidé)
spare doré (sparidé)

113 Antilocapridés (pronghorn)
antilope d'Amérique

114 Ratites (ratite)
autruche d'Afrique
émeu
nandou

115 Salmonidés (saumon)
saumon
truite

116 Scorpénidés (scorpène)
sébaste

117 Serranidés (bar)
mérou
serranidé

118 Anarhichadidés (loup)
loup de mer

119 Corégonidés (corégone)
corégone
saumon coho
    (blanchaille)

120 Osméridés (éperlan)
éperlan

121 Reptiles (serpents)
serpent à sonnettes

122 Lutjanidés (vivaneau)
vivaneau rouge

123 Sciuridés (écureuil)
écureuil

124 Acipenséridés (esturgeon)
esturgeon (caviar)

125 Catostomidés (suceur)
catostome
meunier noir

126 Centrarchidés (perche-soleil)
espèces
des basses noires
espèces
de perches-soleil
    crapet-soleil
marigane

127 Suidés (porc)
porc (cochon)
    bacon
    croquettes de viande
        et de maïs
    gélatine de porc
    jambon
    lard
    saucisse

128 Xiphiidés (espadon)
espadon

129 Malacanthidés (perche-tuile)
 perche-tuile

130 Gallinacés (dinde)
œufs de dinde

131 Chélonidés (tortue)
espèces de tortues
tortue américaine

132 Balénidés (baleine)
baleine

133 Cyprinidés (poisson blanc)
poisson blanc

Index d'évitement des allergènes

Légende

SB : sans blé
SL : sans levure
SPL : sans produits laitiers
SO : sans œufs
SM : sans maïs

SSR : sans sucre raffiné
SS : sans soja
SN : sans noix
SG : sans gluten
* peut être omis

Petits-déjeuners
SB SL SPL SO SM SSR SS SN SG

42 Müesli
46 Granola à l'érable
44 Flan de riz
44 Porridge à la banane
47 Céréales chaudes
56 Beurre de figue
50 Crêpes d'épeautre
48 Crêpes de sarrasin aux bleuets
50 Crêpes de quinoa
54 Délicieuses crêpes de tef
52 Galettes Applejacks au millet
59 Quinoa du matin
54 Tofu brouillé
58 Gâteau de petit-déjeuner
        à la compote de pommes
60 Muffins à la courge et aux canneberges

Jus
SB SL SPL SO SM SSR SS SN SG

62 Jus contre le candida
64 Jus pour augmenter le potassium
64 Jus de nettoyage
65 Jus riche en calcium

SOUPES ET POTAGES
SB SL SPL SO SM SSR SS SN SG

70 Soupe aux lentilles rouges et aux patates douces
74 Soupe aux panais
72 Soupe de légumes au millet
76 Soupe crémeuse au chou-fleur
75 Soupe aux carottes
78 Soupe aux poireaux et aux pommes de terre
80 Soupe aux pois cassés
82 Soupe aux légumes et à l'orge
84 Soupe aux épinards et aux poires
86 Crème de brocoli
76 Soupe au quinoa
88 Soupe de courgettes
90 Borsch

Salades et vinaigrettes
SB SL SPL SO SM SSR SS SN SG

94 Salade de patates douces
100 Salade de pommes de terre
96 Salade de fruits
101 Salade de chou à l'ancienne
98 Salade Waldorf
102 Salade de nouilles de sarrasin
106 Salade de lentilles avec concombre et fenouil
104 Salade d'asperges et de crevettes
105 Salade de riz
108 Salade de riz, lentilles et olives
110 Salade César
112 Salade de haricots mungo
114 Salade de chou-fleur et de brocoli
120 Ma vinaigrette aux herbes préférée
116 Vinaigrette aux graines de tournesol
121 Vinaigrette française
122 Vinaigrette italienne
130 Sauce thaï
118 Vinaigrette au basilic et au poivron rouge
118 Sauce César sans produits laitiers
124 Soyannaise
119 Vinaigrette crémeuse au concombre
119 Pesto
126 Farce aux légumes
127 Marinade pour bœuf
128 Marinade pour poulet
128 Marinade pour agneau
130 Salsa pour poulet

Plats principaux et déjeuners
SB SL SPL SO SM SSR SS SN SG
134 Hamburgers de chanvre
136 Hamburgers de haricots et de riz
138 Garniture pour wraps à l'épeautre
140 Rouleaux de riz
142 Sauce aux amandes
148 Croquettes de saumon
158 Ratatouille
144 Hachis Parmentier végétarien
143 Hachis Parmentier au bœuf
146 Hachis Parmentier aux lentilles
160 Fèves au four
162 Ragoût de bœuf ou d'agneau facile
161 Agneau farci
164 Boulettes de viande à l'ananas
168 Pain de viande de caribou
170 Chutney
166 Bœuf sauté enveloppé
       dans des feuilles de laitue
176 Feuilles de vigne farcies
150 Thon et pâtes
172 Poulet aigre-doux
171 Poulet tout simple
154 Crevettes à l'ail et à la lime
154 Vivaneau rouge au barbecue
156 Filets de poisson au barbecue
174 Tourtière végétarienne

Collations et tartinades
SB SL SPL SO SM SSR SS SN SG
180 Délicieuse trempette aux lentilles rouges
190 Craquelins au sésame
194 Croustilles
182 Houmous à l'ancienne
196 Pâté aux patates douces
192 Pâté végétarien
198 Pain à la carotte
196 Mélange à grignoter
186 Frites maison
187 Tartinade aux pois chiches
188 Tartinade au panais
189 Trempette d'aubergine ou sauce pour pâtes
184 Trempette aux haricots blancs
200 Pizza

Desserts
SB SL SPL SO SM SSR SS SN SG
206 Compote de pommes maison de maman
208 Flan aux pommes
204 Muffins aux bleuets
209 Muffins aux bananes
212 Muffins aux bleuets et aux bananes
216 Muffins aux pommes et aux noix
206 Muffins au beurre d'arachide et aux bananes
210 Dessert aux patates douces
214 Biscotti aux amandes et au citron
218 Biscuits aux bananes et aux dattes
212 Barres aux fruits et aux noix
216 Biscuits au pain d'épice
220 Gâteau d'anniversaire
219 Faux brownies
219 Glaçage pour faux brownies
228 Glaçage aux dattes et à la caroube
228 Glaçage à la caroube et au tahini
229 Muffins aux carottes et aux dattes
222 Pain aux canneberges
224 Mousse de fruits
226 Tarte à la caroube et aux bananes
234 Croustade aux pommes
235 Glace aux fraises et au chanvre
238 Glace à la caroube, aux bananes et au chanvre
241 Biscuits à la lime et à la noix de coco
230 Gâteries de Noël
232 Biscuits à l'orange et au tef
236 Biscuits au tef et au beurre d'arachide
238 Flan à l'orge
242 Petites meules aux carottes

Conversion métrique

Métrique	Mesure impériale
1 ml	1/4 c. à thé
2 ml	1/2 c. à thé
5 ml	1 c. à thé
10 ml	2 c. à thé
15 ml	1 c. à soupe
30 ml	2 c. à soupe
45 ml	3 c. à soupe
50 ml	1/4 tasse
75 ml	1/3 tasse
125 ml	1/2 tasse
150 ml	2/3 tasse
175 ml	3/4 tasse
250 ml	1 tasse

À propos de l'auteure

Shirley Plant a étudié le domaine de la nutrition pendant des années. Souffrant elle-même du syndrome de fatigue chronique, de fibromyalgie et de multiples allergies alimentaires et environnementales, elle comprend parfaitement la difficulté de planifier des menus créatifs, nourrissants et abordables tout en évitant des aliments aussi communs que le blé, les produits laitiers, les œufs, le maïs, le gluten et le sucre, pour n'en nommer que quelques-uns. Ainsi, poussée par l'intérêt d'aider les gens à trouver des solutions de rechange adaptées à leur vie, Mme Plant a développé une expertise et une réputation dans le design diététique et les recettes personnalisées et est devenue un chef personnel pour des clients ayant des sensibilités alimentaires. Pour plus d'information, visitez le site www.deliciousalternatives.com (en anglais seulement).

Mme Plant a publié plusieurs articles pour *Eco Sense*, une publication qui s'adresse aux personnes souffrant d'allergies et pour *Celiac News*, *Ottawa Chapter*, un bulletin trimestriel. Elle a également fait un exposé à la *Ottawa Environmental Health Clinic* sur les allergies alimentaires, les intolérances et les régimes rotatifs.

Remerciements

J'aimerais remercier ma famille et mes amis pour leur amour et leur soutien. Eric, Vivianne, Carolyn, Steve, Sophia, David, merci pour les tests de goût. Un merci tout spécial à mon ami Greg Coleman qui a goûté sans faillir, et sans se plaindre, la plupart de ces recettes. À Shanny, Lucie et aux étudiants de La Cité Collégiale qui ont aidé à paufiner le concept.

Bon appétit !